筑波大学附属小学校長
佐々木昭弘

いつの時代も変化に満ち、
先行き不透明だからこそ…

正解のない「問い」に、納得できる「答え」を見つけられる子どもを育てる

東洋館
出版社

はじめに

ロシアによるウクライナへの軍事侵攻や、イスラエルとハマスの紛争は、解決の糸口さえ見いだせない状況にあるといいます。（２０２４年10月現在）対立する双方それぞれに正解があり、相手から見れば誤答として映る「正解」同士の対立によって、問題が複雑化、長期化してしまっているように思えてなりません。

私たちが長い人生のなかで出合う「問題」も、解決までの過程はさまざまであることはもちろんですが、「正解」がないことも少なくありません。しかし、たとえ「正解」がない「問題」であっても、自分が納得できる「答え」を見いだそうとする態度は、これからの社会を生き抜くうえで必要不可欠な教養となるに違いありません。

日本初の民間からの公立中学校長で、「よのなか科」を提唱された藤原和博先生にインタビューさせていただいたことがあるのですが、卑近な例を基に、実に興味深い話をされていました。

大手企業に入社して正解だなんて考えていると、結婚するときも正解な人を選ぼうとします。そんなのあるわけないじゃないですか。相手も変化するし、自分も変化するのですから。会社と自分との関係だってそうです。自分も相手も納得するためのぎりぎりのベクトルあわせが仕事であり結婚なのです。

〔出典〕月刊『教育研究』２００８年11月号、筑波大学附属小学校、不昧堂出版

教育の世界もまた正解がない「問題」ばかりであり、枚挙に遑《いとま》がありません。

そこで本書では、以下の3つの章を通して、「正解」のない「問題」に対して納得できる『答え』を見つけることの教育的な意義について、さまざまな視点から解説することにしました。

第1章では、「そもそも正解のない『問題』に、子どもたちが『答え』を見つけるとはどういうことなのか」を解説します。

第2章では、「授業の常識―10の嘘」と題し、「これまでの授業づくりの常識に潜む落とし穴」について解説します。

第3章では、脳死・臓器移植を題材とした「いのちの授業づくり」を通して、「正解の

ない『問い』に納得できる『答え』を見つけられる子どもを育てる実践を紹介します。

言わずもがなですが、本書で示した内容もまた「正解」ではありません。本書を読まれたみなさまご自身の手で篩《ふるい》にかけ、「納得解」を見いだすことのできる一助となれば、筆者として嬉しい限りです。

令和6年10月吉日　筑波大学附属小学校長　佐々木昭弘

〈目次〉

第2章　授業の常識・10の嘘

第3章 いのちの授業

第1章

正解のない問いに「答え」を出す

――共通了解可能性への挑戦

今後さらに多様化する価値観のなかで、子どもたちは正解のない問いの「答え」を見つけられる能力と態度を身につけなければならないと言われます。そのような子どもたちを育成するために、教育現場は何に着眼し、どのような学びを提供していけばよいのでしょうか。

この問いに正対し、本章では次の四つの視点から考察します。

- コミュニケーション能力
- キー・コンピテンシー
- 道徳教育
- 哲学

「コミュニケーション能力」から学ぶ

ある会議で、次のように述べたことがあります。

「コミュニケーション能力とは、相手の考えを変えることができる力だと思います」

すると、「コミュニケーション能力とは、そんな傲慢なものではありません」と批判された方がいました。その後も議論はつづきましたが、平行線をたどります。

私の考えに則して言えば、私たちのどちらも相手の考えを変えることができなかったわけですから、双方のコミュニケーション能力が足りなかったことになります。ただ、その方と議論できたことで自分の考えに、ある変化が生じます。

新しい発想なり視点やアイデアというものは、考えの違う相手とのせめぎ合い（相手の考えを変えようとする試み）を通して生まれることが多いものですが、「コミュニケーション能力」のもつ最も重要な機能は、相手をやり込めることでも、仲よくすることでもないということです。

たとえば、セールスマンが新しい商品を売り込もうとするとき、買い手の考えを変えることができなければ、望む成果は得られません。そこでセールスマンは対話を通して、自分の言葉や振る舞いを相手がどのように受け止めているかをモニタリングし、相手に合わせて自分の表現をコントロールし、相手の考えを変えようとします。いわゆる〝駆け引き〟です。

ここで着目すべきは、変える対象は相手だけでなく、自分も変えるという点にあります。

つまり、他者とのかかわりを通して「自分の表現や考えを変えることができる能力」こそ、価値ある「コミュニケーション能力」なのではないかと私は思うのです。

というのも、「自分が変わり、相手も変わる」という事実を生み出すには、情報相互の有機的な関係づけ・意味づけのみならず、他者と自分との人間関係を含めた価値ある関係づけ・意味づけが必要となるからです。

実生活における問題解決の過程では、個人と集団の関係はフレキシブルに変化します。学習者は、ときに集団のなかで学び、ときに個人で学ぶといったように、集団と個を行き来しながら、自分の考えを構築していきます。これが、生きて働く問題解決能力の一つであり、「他者と協働する学び」です。加えて、（後述する）「共通了解可能性」を見いだそうとする能力と態度の育成につながるものなのです。

「キー・コンピテンシー」から学ぶ

DeSeCo（コンピテンシーの定義と選択：その理論的・概念的基礎）プロジェクト（OECD―経済協力開発機構―が組織）が示したキー・コンピテンシーの一つに「異質な集団で交流する力」

があります。今後さらにグローバル化が進めば、「さまざまな文化的背景、価値観、経歴をもった異質な集団といかに交流するか」など、自分の価値基準だけにとらわれない〝柔軟な心のもちかた〟が求められるようになるでしょう。

これは目新しいものではありません。学習指導要領に定める「自然を愛する心情」（「理科の目標」）もまた、自然に対する〝柔軟な心のもちかた〟を意味するものだからです。

私たちは、ゲノム編集、再生医療、安楽死、脳死・臓器移植などといった（科学技術が進展することは素晴らしいことだが、倫理的葛藤をもたらす）「正解がない問題」が山積する社会に生きています。こうした問題に正対するとき、自分とは考えが異なる他者といたずらに対立するばかりでは、どのような問題も解決には向かわないでしょう。

加えて問題は、科学技術の進展にとどまりません。

ロシアによるウクライナへの軍事侵攻、イスラエルとパレスチナとの軍事衝突など、世界各地で起きている国際紛争もまた複雑の一途をたどり、「こうすればうまくいく」といった単純な論理や手法で解決を図ることはできません。

こうした時代に生きる私たちに必要なのは、「自由の相互承認」であり、文化、宗教、思想、哲学、そして主義・主張を越えた「共通了解可能性」を探ることです。そのためには〝柔軟な心〟をもって「異質な集団のなかで他者と交流する」以外にありません。とはいうものの、口でいうほど簡単ではないことは百も承知です。しかし、だからこそ教育の力が必要だと思うのです。

「道徳教育」から学ぶ

1　友達からの手紙

次に紹介するのは、ある研究会で本校の山田誠教諭が公開した道徳授業の一幕です。教材文は、主人公のもとに手紙が届けられるところからスタートします。

差出人は主人公の友達だったのですが、郵便料金が不足していたため差額分を支払うことになります。このとき、差額分を支払ったことを差出人である友達に言うべきか、それとも言わざるべきかについて、山田教諭が子どもたちに問います。

すると、子どもたちの多くは「言わない」と答えます。すかさず山田教諭が問い直します。

「自分が出した手紙の郵便料金の不足分を友達が支払ってくれていたとしたら、そのことを自分に言ってほしいですか？」

すると子どもたちは「言ってほしい」と答えます。

この瞬間、子どもたちの問題意識が一気に高まります。

〝自分が受け取り人なら友達に言わない。だけど、自分が差し出し人なら友達に言ってほしい〟という自己矛盾に気づくからです。のみならず、（立場を入れ替えることで）子どもたちにとって他人事だった話が「自分事」になります。

その様子を見ていた私は確信しました。

（視点の転換によって）自分の考えが180度変わってしまう場面（正解のない問題場面）に立たされたとき、子どもたちは問いを自分事とし、自分なりの「答え（納得解）」を探し出そうとしはじめる…と。

もうずいぶん前のことですが、福島第一原子力発電所の事故によって移住を余儀なくされた住民たちの悲痛な声を報じた番組がありました。それを目にした知人が、次のように言い出しました。

「彼らは原発を受け入れたおかげで、これまで多くの給付金を手にしたんだ。それをいまさら、文句を言うのはおかしいんじゃないかな」

私が福島県出身であることを知らずに口にされたのだと思うのですが、あまりに無責任で軽率な言葉にやりきれない憤りを感じたのを覚えています。

そもそもなぜ、原子力発電所の誘致を住民は認めたのでしょうか。お金に目がくらんだからでしょうか。その答えを得るには、地域住民に視点を転換し、必要な情報を集め、客観的な立場から考えなければ妥当な理解に届かないはずです。

そうしたことを一切せず、自分が知り得たわずかな情報で決めつけ、軽々しく口にすることこそ、原発問題を他人事だと思っている証拠だと私には思えます。

たしかに、「原子力発電の是非」をはじめとして、「脳死・臓器移植の問題」「死刑制度の是非」「クローン技術の功罪」などといった問題とは無縁に生きていける人もいるでしょう。むしろ、そうした人たちのほうが圧倒的に多いかもしれません。しかし、これらの問題は一例にすぎず、私たちが生きている限り、この社会で遭遇する問題の多くは、明確な正解などないことのほうが多いのです（学校教育においても、いずれ近いうちに「ＡＩとどう向き合うべきか」という正解のない課題が立ちはだかってくることでしょう）。

このようなとき、社会人としての態度の一つが、他者の視点へと柔軟に転換することだと私は思います。そうできれば、問題を「自分事」としてとらえ、いたずらに対立構造をつくることなく、自分にとって（場合によっては、相手にとっても）価値ある「納得解」

が見つかる光明を見いだせるはずです。

2　ボランティア活動の動機

次に紹介するのも、本校の山田教諭が校内研究会で公開した道徳授業の一幕です。授業の導入部では、ビデオ教材を子どもたちに視聴させます。

この動画には、障がい者施設のボランティア活動に積極的に取り組むAさんと、やる気が見られないBさんの二人が登場します。

当初はやる気のなかったBさんでしたが、障がい者との触れ合いを通じて、自分がボランティア活動に参加する価値を少しずつ見いだしていきます。それに対してAさんは、傍目にはやる気があるように見えていたものの、話が進むうちに、活動に参加していた目的が実は、作文ネタを探すためだったことが見えてきます。

ビデオ教材を視聴後、山田教諭は子どもたちに次のように問いかけます。

「Aさんの活動は、親切だと言えますか？」

さまざまな価値観が交錯しながら、子どもたちの議論は白熱していきます。その様子を参観しながら、私はかつて目にしたある記事を思い出していました。

アメリカのロサンゼルスで大地震（ノースリッジ地震、1994年）が発生し、甚大な被害をもたらしたときのことです。このとき、現地に支社があったある日本企業が、復興支援のボランティア活動に参加します。

ところが、この企業の活動に対して多くの批判が寄せられることになります。会社名入りのTシャツを着て活動していたために、売名行為だと受け取られてしまったのです。批判していたのは現地に住む日本人でした。社員たちはしかたなく、Tシャツを脱いで活動をつづけました。なかには、活動自体を断念してしまった人もいたそうです。

すると、一連の様子を見ていた現地のアメリカ人から、次のような疑問の声があがります。

「どうして会社名入りのTシャツを着て、ボランティア活動をしてはいけないの？」

ボランティア活動自体は善行そのものです。合理主義の立場から考えれば、会社名の入ったTシャツを着ていようが着ていまいが、批判される筋合いのものではありません。

それに対して、理性的な考え方よりも感情や伝統を重んじる（日本文化に根づいている）非合理主義・精神主義の立場から考えれば、会社名入りのTシャツを着てボランティア活動を行うのは、偽善的な姿として目に映るということなのでしょう。その心情もまた理解できます。

このことからわかるように、どのような善行に対する評価も〝習俗の価値〟にすぎず、国、組織、時代、文化等によって受け止め（評価）が変わり得るということであり、絶対的な価値基準など存在しないことになります。要するに、「正解」がないのです。

しかし、だからといって問題のまま放置しておくわけにもいきません。ひとたび当事者に身を置くことになれば、なにをどうすることが、自分にとってよいのか（あるいは正しいのか、必要なのか）について頭を悩まし、自分なりに納得できる「答え」を見いださなければなりません。

これからの日本の行く末を考えたとき、学校教育は「正解がない問題解決的な学習」にチャレンジすることが必要となるに違いありません。

「哲学」から学ぶ

1　自由の相互承認

「共生」という言葉があります。手元の『広辞苑』（岩波書店）を紐解くと、次のように説明されています。

異種の生物が行動的・生理的な結びつきをもち、一所に生活している状態。共利共生（相互に利益がある）と、片利共生（一方しか利益をうけない）ことに分けられる。寄生も共生の一形態とすることがある。

なるほど、たしかにそのとおりです。

いま話題となっている腸内細菌（腸内フローラ）も、人との共生によって成り立っています。それればかりか、腸内細菌なしでは、人は生命を維持することすらできません。しかし、生物学的視点で、安定した共生の状態に至るまでの過程を考えてみると、違う世界が見えてきます。

「共生」とは、生物の長い進化の過程で、種と種とが生死をかけてせめぎ合い、変化する外的環境と折り合いをつけた末にできあがった安定したシステムを指します。つまり、強い者が弱い者を淘汰してきた結果の多様性ある産物だと言えるのです。

哲学者である苫野一徳氏は、『ほんとうの道徳』（トランスビュー、2019年）のなかで、時代や文化を超えた普遍的な道徳（モラル）などないと言い切っています。加えて、道徳とは絶対に正しい価値観ではなく、ある限定された〝習俗の価値〟であると主張します。

そもそも、価値観が多様であることは自然なことです。だからこそ、18、19世紀の西洋では、ヘーゲル（ドイツの哲学者、1770〜1831年）が提唱した「自由の相互承認」という考え方を必要としたのです。端的に説明すると次のとおりです。

●どのような道徳であっても、他者の「自由」を侵害しない限り尊重すること。
●そのうえで誰もが自由に平和に暮らせるためのルールを互いにつくり合っていくこと。

これは、絶対王政や宗教戦争といった負の歴史を繰り返さないために哲学者たちが絞り出した知恵だったのだと言います。このことからも、生物の共生関係と同様に、人間の歴史も多様な〝習俗の価値〟のせめぎ合いを経て、〝人権の尊重〟という名の「共生」システムを勝ち取ってきたと言えるでしょう。

生きるか死ぬかという切実さほどではないにせよ、学校・学級を含めたいかなる組織も、構成員同士のせめぎ合いを経て安定へと向かっていきます。大人であっても子どもであっても、集団のなかで他者と折り合いをつけながら、自分の居場所なり役割を見いだしていくのです。その成長する学びは、まさに「多様な価値観」からスタートすることになります。

2　共通了解可能性

月刊『教育研究』誌（2020年7月号、特集「教育に必要な『美意識』とは」）において、苫野一徳氏（熊本大学准教授）は、「美についての意識」を次のように述べています。重要な指摘ですので、そのまま引用します。

単なる〝好き嫌い〟であったなら、話は常に「人それぞれ」で終わる。しかし「美」は、そのような単なる相対主義を超えて、深い共通了解と相互承認の領域へとわたしたちを導いてくれるのだ。

ここには大きな教育的意味がある。「美」についての意識、その本質的な理解は、わたしたちを安易な相対主義に陥らせることなく、互いに普遍性（共通了解可能性）を見出し合おうとする精神を育んでくれるからだ。それはまさに、教育が育むべき、この市民社会における市民の〝教養〟と言うにふさわしい。

（17頁、上段5～12行）

「美」という言葉をつかう限り、単なる〝好き嫌い〟ではなく、あまたある解釈の多様性を認めつつ、互いに歩み寄りながら共通了解可能性を探っていくことに教育的な意味を見いだそうとしていることがわかります。この提言は、理科教育と相反する考えではなく、むしろ酷似した学習過程を示しています。

小学校学習指導要領に定める理科の目標には「自然の事物・現象についての問題を科学的に解決するために必要な資質・能力」と明記されており、解説書は次のように説明しています。

「問題を科学的に解決する」ということは、自然の事物・現象についての問題を、実証性、再現性、客観性などといった条件を検討する手続きを重視しながら解決していくということと考えられる。

（文部科学省「小学校学習指導要領解説 理科編」16頁）

この記述からもわかるように、理科教育もまた、科学的である条件の手続きを経ることを通して、（苦野氏の言う）「共通了解可能性」を実現させていくものだと解釈することができるのです。

3　美意識

ここで、正解のない問いに「答え」を出すということと、「美意識」の関係について触れておきたいと思います。

お手元にある書籍を無作為に開き、ページの1枚を明かりにかざしてみてください。（表と裏とで異なるレイアウトでもない限り）表と裏の文字行が、ぴったりと重なっていることがわかるはずです。このような几帳面とも言える本づくり（製本）は、日本特有の文化だそうで、外国の本ではあまり見られないのだと聞いたことがあります。

では、なんのために表と裏の文字行をそろえるのでしょうか。

昔であれば、紙の質は現在よりも悪かったでしょうから、行が重っておらず裏の文字が透けて見えてしまうと読みにくかったからかもしれません。しかし、紙の質がよくなったいまでも製法が引き継がれていることを考えると、もはや日本の職人の〝美意識〟に根ざした「価値観」の一つだと言っていいと思います。職人としての「気質《かたぎ》」「誇り」

「こだわり」といった言葉に言い換えることもできるでしょう。

職人の世界に限らないことですが、私たち日本人には、先人から受け継がれてきた「美」に対する独自の感覚（美意識）があります。なかでも「侘《わび》・寂《さび》」は、その根底にある日本文化の中核的な価値観のように思います。

一気に散る桜の花に「潔さ」を感じたり、秋夜に聞こえてくる虫の鳴き声に「切なさ」を感じたりする日本人は多いでしょう。これら日本人特有の〝美意識〟は、価値観の多様化とともに風化してきたと指摘する人もいます。しかし、消え去ったわけではありません。

近年、諸外国からも高く評価されることの一つに和食があります。味覚だけでなく、視覚的美しさをもってお客を楽しませようとする和食は、ユネスコの無形文化遺産に登録されました。店員の接客のよさはもちろん、商品を美しく丁寧に包装する様子も、日本を訪れた外国人の多くが驚く日本文化だそうです。「もったいない」「おもてなし」という言葉が話題になったことも記憶に新しいのではないでしょうか。

さて、問題はここからです。

「不易・流行」の言葉が示すとおり、〝美意識〟にも継承すべきものと、新しく創造されるべきものがあります。

〝温故知新〟（故きを温ねて新しきを知る）の言葉が示すとおり、新旧二つの〝美意識〟が重ね合わされたとき、これからの学校教育が担うべき（「美意識」をも尊重した）正解のない問いに「答え」を出す教育の道筋が見えてくるように、私には思われるのです。

第2章
授業の常識・10の嘘

教育の世界には「不易」（変わってはいけないもの）と「流行」（時代の流れと共に変化していくべきもの）があります。

これまでの40年間を超える私の教職人生を振り返ると、多くの先輩教師や子どもとの出会いによって、自分が「不易だ」と思っていた授業づくりの常識が時間を経て覆されてしまったことがたびたびあります。

そのような自分の経験だけを考えても、「授業づくり」という教師の仕事もまた、正しいと思っていたことが、あるとき誤りであったことに気づく（あるいは、通用しなくなる）という、「正解のない問いに答えを出す」行為そのものだといえます。

そこで本章では、当たり前のことのように語られてきた「授業づくりの常識」のなかから、逆説的な思考で私が気づいた10の嘘を浮き彫りにしていこうと思います。

【常識の嘘①】 むずかしくして深く考えさせることの嘘
【常識の嘘②】 子どもの言葉を要約して板書することの嘘
【常識の嘘③】 話型指導の嘘
【常識の嘘④】 最後まで話を聞く子どもを育てることの嘘

【常識の嘘⑤】丁寧に、繰り返し、ゆっくりと話をすることの嘘
【常識の嘘⑥】教えずに考えさせる授業の嘘
【常識の嘘⑦】事実を示し、子どもの考えを変えることの嘘
【常識の嘘⑧】教科書をつかわないで授業することの嘘
【常識の嘘⑨】受信型評価の嘘
【常識の嘘⑩】問題解決学習という名の嘘

当然のことですが、本章で記す「嘘」もまた、読者のみなさまそれぞれの「不易・流行」のふるいにかけられ、時代とともに吟味されていくことになるでしょう。

［常識の嘘①］

むずかしくして深く考えさせることの嘘

3割削ってちょうどいい

本校（筑波小）の校内研究ではじめて提案授業を行った次の日のことです。通用門近くでたまたま出会った先輩教師が、落ち込んでいる私に声をかけてくれました。

「なんでもかんでもやりたいという気持ちはわかるけど、提案授業はやりたいことの7割でいいんだよ。3割削ってちょうどいい」

その瞬間、目から鱗が落ちる思いがしました。そう、骨太の理論は、いつもシンプルであるという大原則を忘れていたことに気づかされたのです。

世の中には、簡単なことをむずかしく話す人がいます。逆に、むずかしいことを易しく話す人もいます。後者が優れた表現者であることは疑う余地がありません。

提案授業も同じです。なんでもかんでもやりたいことを授業のなかに詰め込んだ結果、学習展開が複雑で難解なものにしてよいはずがないのです。事実、そのときの私の提案授業は、目標を達成できないばかりか、時間を15分もオーバーするという大失態を演じてしまっていました。

本校（筑波小）社会科のＯＢである故・有田和正先生も、次のように口にしていました。

「既知7分、未知3分」

「子どもがすでに知っていることが7割、知らないことが3割ぐらいにするのがよい」ということをシンプルに示した授業づくりの原理・原則です。そのぐらいの難易度にしておくと、子どもの知的好奇心をもっとも刺激するのだと言います。

子どもには深く考えてほしいと思うあまり、教師は学習問題の難易度を高く設定しがちです。私もついついそうなりがちで、その結果、問題が解決せずに授業が終わってしまったことがいく度となくありました。

長いスパンで考えれば、たとえ子どもがすでに知っていることの確認でもよいし、友達の真似でもよいから、「自分で問題を解決できた」という達成感を味わわせたほうが教育的です。このことは、私自身の経験からも実感として得られた結論です。

有田先生の言葉のなかで、印象に残っているものがもう一つあります。

「教材7分、腕3分」

教材に力があれば、たとえ教師の腕（教育技術）が未熟であっても、本時の目標が達成されることがあるというのです。教材開発に心血を注がれていた有田先生らしい言葉です。裏を返せば、「教師の腕（授業力）がさらに高まれば鬼に金棒だ」ということも、暗に示唆しているようにも読み取れます。

といっても、むずかしく手応えのある問題設定そのものを否定したいわけではありません。あえてむずかしくすることで、子どもの成長を促せる場面が学校教育にはあります。しかし、そうした場面はけっして多くはありません。

日頃のほとんどの授業では、問題は簡単でいいのです。そうするからこそ、子ども一人一人の学習参加を保証し、達成感を味わわせることができるのです。

「附属だからできる」と言われる授業からの脱却

音楽科のベテラン教師が、定年退職前の校内研究会で提案授業を行ったときのことです。協議会の最後に、私たち附属学校の教員に課せられている使命を、Ｆ１とパリコレにたとえ、メッセージを投げかけてくれました。要約すると、およそこんなメッセージです。

自動車レースの最高峰はＦ１（フォーミュラワン）です。一流のドライバー、一流のエンジニア等のスタッフを集め、その時代の最先端技術（テクノロジー）駆使してマシンを開発し、自動車レースの限界に挑みます。

このＦ１のレーシングカーは一般公道を走ることはできません。しかし、Ｆ１レースに挑戦する過程で生まれた新しいテクノロジーは、一般自動車開発の研究・開発へと引き継がれ、自動車業界は発展してきました。

パリコレ（パリ・コレクション）もそうです。一流のファッション・デザイナー、一流のスーパーモデル、一流の演出家のもとで開催されるファッションショーは、いつの時代も奇抜な装いで会場が盛り上がります。

あまりに奇抜すぎて、そのまま会場を後にして街中に出れば、周囲の人たちから奇異な目で見られることでしょう。しかし、パリコレで示されたファッションの可能性と方向性は、一般のアパレル業界へと引き継がれ、最先端の流行を牽引します。

それは、附属学校に勤務する私たちも同じです。Ｆ１やパリコレのように、公立学校の先生方に高く評価されるだけではだめで、どの学校においても再現可能な一般化を図らなければなりません。それこそが、附属学校の存在意義なのです。

このメッセージを受け取った私は、なにも附属校にのみ帰するものではなく、どの学校でも必要な考え方だなと思いました。

もし、「名人だからできる授業」「選抜された子ども相手だからできる授業」といった〝附属だからできる授業〟に留まってしまうのであれば、そこに教育研究の意義を見いだすことは叶わず、自己満足だとの批判を免れません。

本校では、選抜された子どもと選抜された教師とのせめぎ合いにも似た日々の授業を通して、新たな指導法や教材が生まれていきます。そこで生まれた指導法や教材を、附属学校内に留めることなく、どの学校でもアレンジ可能なレシピにまとめ、教員一人一人が主体的に情報発信し、日本国内だけでなく世界に広げていかなければなりません。

では、どうすれば教育研究の成果を一般化できるのでしょうか。そうするためのヒントを、有本淳先生（現文部科学省教科調査官、前学力調査官）が端的におっしゃっていました。それが、次の3つの条件です。

「なるほど・やってみたい・できそう」

授業を参観し、授業者から提案内容をお聞きした先生方が、「なるほど！」と納得できるだけの説得力がなければなりません。これは、研究の「客観性」に当たる条件です。

次に、その授業を「やってみたい！」と思える、いわば追試への意欲を喚起するだけの魅力あるものでなければなりません。これは、研究の「実証性」に当たる条件です。

最後に、自分が参観された授業を追試するに当たって、名人芸のような授業力がなくても実現可能な易しさや簡潔さがなければなりません。これは、研究の「再現性」に当たる条件です。

この3つの条件が満たされてはじめて、教育研究に科学的な条件が付加され、一般化への可能性を切り拓いていけるのです。

＊

他の学校の教育力を牽引する学校というものは、どこの地域にもあります。いわゆる拠点校と言われる学校です。また、拠点校でなくても、他の先生方の授業力向上に寄与する教師が校内にはいるものです。そうした学校、教師たちもまた、自分のもてる力を自分のためだけにつかうのではなく、一般化を図り、周囲に広げていくことが大切なのではないでしょうか。

教師のリフレクション（授業中）

研修会の講師として依頼を受け、これまでいく度となく「飛び込み授業」をさせていただきました。

「飛び込み授業」では、その学級の子どもたちの実態を知らないので、授業の導入部では探り合いになることがあります。その一方で、だからこそ余計なバイアスがかからず、子どもたちとフラットな関係を保ちながら授業を行えることもあります。

とはいえ、学級経営あっての授業ですから、飛び込み授業では、自分の想定どおりに進むことはまれで、授業の途中で軌道修正を余儀なくされることがたびたびあります。

たとえば、ある活動に時間をかけすぎれば、他の活動の時間を短縮するかカットするほかありません。常に時間との闘いです。また、子どもの意外な反応に応じて難易度を変えたり、授業の展開そのものを変更したりすることもあります。

このようなとき、授業者に求められるのが、学習活動の「モニタリング（状況把握）」と、授業展開の「コントロール（軌道修正）」です。このモニタリングとコントロールは、互いにリンクし合い、授業者のリフレクション（振り返りによる形成的評価）を促します。つまり教師は常に、45分という短い時間の最中、小刻みにリフレクションを繰り返しながら授業を行っているということです。

授業においてこのように、モニタリング、コントロール、リフレクションを機能させるには、いくつかのポイントがあります。

［ポイント1］教師の「発信」の事実から子どもの学習状況を読み取る

モニタリングのむずかしさは、子どもの学ぶ様子（発言や活動する様子など学習状況）をただ観察しているだけでは見えてこない点にあります。言い換えれば「受信型」では困難で、「発信型」に切り替える必要があるということです。

教師が意図をもって指導（発信）したこと（事実）があってこそ、子どもの学習状況を読み取ることができます。つまり、教師である「自分は」「どの子に」「どのような指導をしたのか」に対して、子どもが「どんなリアクションをしたのか」を見取ろうとするからモニタリングになるのです。これはいわば、教師の評価力とも言うべきものです。

そもそも教師の指導とは、「子ども一人一人に対して行ってきた教師自身の評価の積み重ねによって導き出されたもの」です。このように考えれば、モニタリングそのものは、けっして目新しいことではなく、むしろ日常的に行われていることです。

問題は、多くの場合「なにげなく」「無意識的に」行われていることが多いということです。それらを顕在化しようというのが、ここでいうモニタリングであり、コントロールです。そうするためにも、教師は子どもと意図をもって対話することが必要なのです（「［常識の嘘⑨］受信型評価の嘘」（１３７頁）でも触れる）。

［ポイント２］授業展開の想定にこだわらない

どの授業においても、教師が設定した展開があります。しかしそれはあくまでも教師が自分の頭のなかで思い描いた想像にすぎません。その展開が子どもの実態に合っているかは、授業がはじまってみないことにはわかりません。

自分が受けもつ子どもであっても、その日の子どもたちの体調やテンションなどによって、想定した展開がはまらないといったことも大いに起き得ます。そうであるにもかかわらず、決めたとおりに展開させようと教師が力業に及べば、授業が歪みます。当然のことながら、授業の目標は達成できません。

こうしたことは、だれしも（場合によっては身に染みて）知っているはずなのですが、研究授業となると話が変わってきます。指導案に書き込んだ展開どおりに授業を進めようとしてしまいがちだからです。

参観者に指導案を配付している以上、なんとか指導案どおりに進めようとして焦ってしまう気持ちは理解できます。ですが、ここが我慢のしどころです。焦りを心の隅に押しやって目の前の子どもの状況を自分の視界に入れてこそ、コントロールは可能となるからです。

授業に失敗はつきものです。というか、研究授業の多くは失敗します（自分の思うようにはいきません）。だったら勇気を出して緊張状態に身を置き、想定（指導案）にこだわらず、子どもとのやりとりに応じて授業を展開していけばよいのです。

結局は失敗に終わるにしても、想定にとらわれた授業とそうでない授業とでは、失敗の質が異なります。言うまでもなく、後者のほうがはるかに学びのある失敗となるからです。そうした失敗を積み重ねることを通して、咄嗟の判断力が鍛えられていくのです。

教師のリフレクション（授業後）

終業のチャイムが鳴り、飛び込み授業が終わります。さて、一段落…といきたいところですが、その後にしなければならないことがあります。それは、指導案の加筆・修正です。

飛び込み授業からの帰宅途中、記憶が新しいうちに「今日の授業では、どうしてあぁなったのか」「どうすればよかったのか」とリフレクションしながら書き込んでいきます。この作業をしないままであれば、せっかくの貴重な失敗が自分の伸びしろになりません。授業は修正・改善を繰り返しつづけることで、授業をコントロールする力がついていきます。

かつて、公立小学校で研修主任を務めていたとき、事後の協議会で得られた情報をもとに指導案を修正するよう授業者に促していたことを思い出します。この修正作業はなかなかに骨が折れるのですが、先生方が授業力を高めていくうえでたいへん有効でした。

おもしろいもので、モニタリングとコントロールを繰り返しながら修正しつづけた指導案は、どんどんシンプルになっていきます。「（教師による指導や展開などは）易しく、子どもたちが深く考えられるようになる指導案」へと進化していくのです。まったくもって、不思議なものです。

考えてみれば、子どものリフレクションだって同じです。授業の終末「振り返りましょう」などと教師が指示しなくとも、授業が子どもの学びに寄与する問題（課題）解決となっていれば、その過程で子どもは自分の学びをモニタリングし、学習をコントロール（この場合は自己調整）しようとします。

そうするうちに、やがて自律ある学び手に育っていくことでしょう。その実現のためにも、「問題は易しく、深く考えさせる」授業改善の視点が必要なのです。

［常識の嘘②］

子どもの言葉を要約して板書することの嘘

不誠実な板書

広島県のとある学校で、飛び込み授業をさせてもらったときのことです。そのときの研究テーマは「理数教育」だったことから、本校（筑波小）の先輩教師（算数科）も同行していました。

授業を終え、会場校の校長室に戻ってくるなり、同行していたベテラン先輩教師が、おもむろにこう言い出しました。

「佐々木先生は、子どもに不誠実だよ」

私は驚いて「どうしてそう思ったのですか？」と尋ねました。

「子どもの言葉を、そのまま板書しなかったからだよ」と先輩教師は言います。「そんなことをしていれば、子どもは発言しなくなってしまうよ」と。

たしかに私は、子どもの言葉をそのまま板書するようなことはしていません。子どもの言葉を短く要約した表現で板書していました。

授業のなかで子どもたちが話す言葉は、表現が稚拙であることが多く、聞き手である教師や子どもに意味が伝わらないことが多々あるものです。そのため、私は発表した子どもに、そのつど発言の意味を確認していました。

「それは、〇〇という意味かな？」

「わかった、それって△△ということだよね」

そして、子どもが「そうです」と答えたら、「〇〇」や「△△」と板書していたのです。

それに対して、その先輩教師はつづけて言います。

「そんなふうに教師から聞き返されれば、子どもは『そうです』としか答えようがない。反論できない子どもをねじ伏せたことになるんだよ」

この点についても、たしかにそうです。ただ、どうすればいいのか、その具体的な方法については教えてくれませんでした。悔しかった私は本校に戻ると、その先輩教師の授業を何度も参観することにしました。

そのように参観していた授業のある場面でのことです。Aさんがみんなの前で発表するのですが、その意味するところが教師やクラスメイトにうまく伝わりません。すると、ある子どもが言います。

「先生、Aさんが言いたいことはこういうことなんじゃないの？」

ところが、Aさんは「ちがう」と言います。すると別の子どもが言います。

「だったら、こういうことなのかな？」

すると、Aさんは「そう」と答えました。先輩教師はその言葉のまま板書します。

このとき、私はようやく気づいたのです。〝なるほど、子どもの言葉を言い換えたり要約したりするのは、教師ではなく子どもなんだ〟と。

そこでまずは、その先輩教師の真似をすることからはじめました。その後、私の授業は変わります。

たとえば、要点が定まらずに長々と発言していたときには、「あなたの言葉をそのまま板書したいので、もう少し短くできますか？」とその子に促し、発言してくれたことの意味がわからなかったときには、「Bさんが話してくれたことを、どう板書すればいいですか？」と周囲の子どもに尋ねるようになったのです。

つまり、発言の内容がよくわからなかったり冗長だったりしたときには、子どもに表現を変えてもらうようにしたということです。おかげで、子どもの言葉をそのまま板書できるようになりました。

そうしているうちに、今度は子どものほうが変わっていきました。

子どもの発表の後、私がちょっと首をかしげる様子を見せただけで、他の子どもが、「先生、Cさんはこう言いたいのだと思います」と助け船を出してくれるようになったのです。これは、子どもが自らの判断で視点転換する姿でした。

このように、視点転換を伴う話し合いを行えるようになっていくにつれて、ある子の発言が、(教師とだけの一問一答ではなく)学級全体で一人一人の子どもの発言の意味を共有し合える言語活動になっていったのです。

教師がつかう教育技術の一つに、「リボイシング」があります。これは、教師が子どもの言葉を「オウム返し」をする技術ですが、たとえば、子どもの言葉を言い換えたり要約したり、ときには補足説明をしたりすることも「リボイシング」の一形態です。

それに対して、一柳智紀先生(新潟大学)の研究では、リボイシングが(私が以前していたような)「言い換え」「要約」「精緻化」だと誘導的になってしまい、学習者の主体性を奪ってしまう可能性があるといいます。逆に、同じリボイシングであっても、評価的語尾をつけずに「短く」「繰り返す」単純化されたものであれば、聞き手のモチベーションを高め、表現したくなる、理解を深められる可能性があるというのです。

それを知ったとき、先輩教師から受けた苦言と自分自身の教育研究がつながったように感じました。

視点転換できない子どもの実態

「全国学力・学習状況調査」（平成30年度）では、小学校理科で次の問題が出題されました。直列回路の電流の強さを調べるために、やす子さん（問題に登場する登場人物の一人）は、**資料1**のように二つの検流計をつかうことにし、「かん電池の＋極からモーターを通って－極からもどってくるときは、電気の量は、減っていると思うよ」と予想します。問題の内容は、次のとおりです。

3—(2) やす子さんの予想が正しければ、検流計①の針が右にふれて3の目盛りを指したときに、検流計②の針はどのようになると考えられますか。

選択肢は、**資料2**の1～4です。正答は「2」で、正答率は「47・9％」でした。
また、登場人物の予想に合う実験の結果を選択させる問題は、2—(2)でも出題されて

資料1

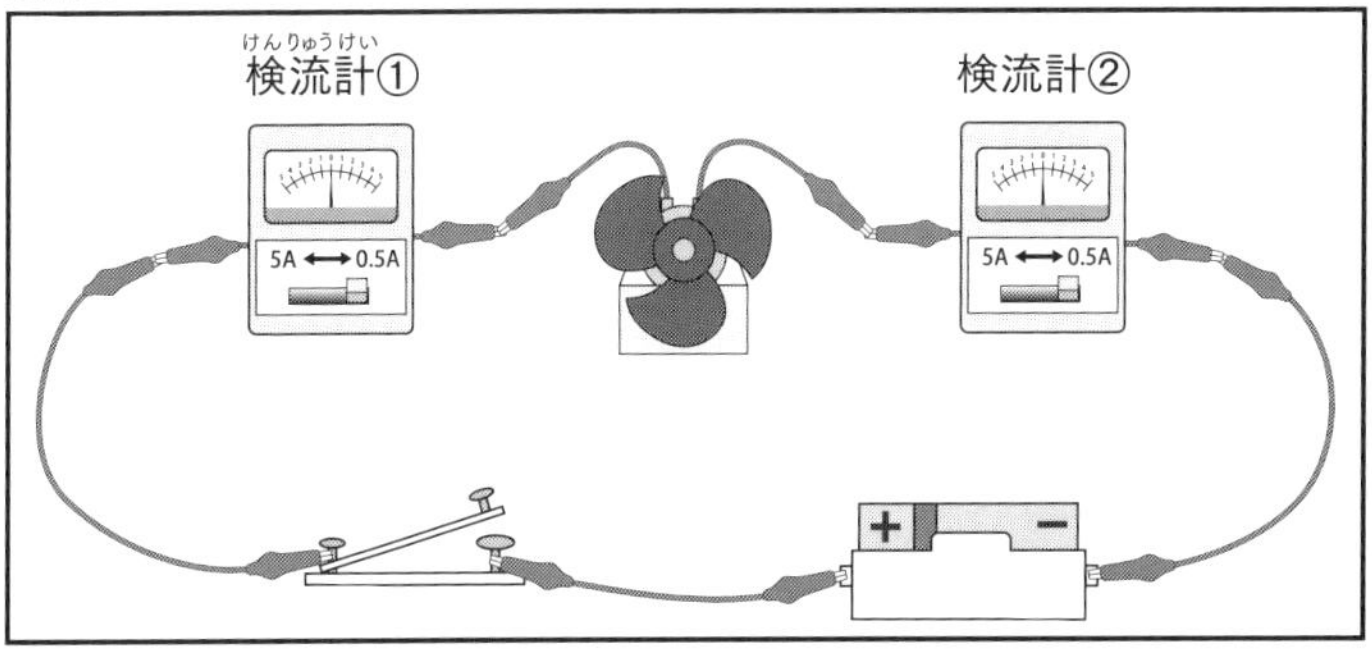

資料2

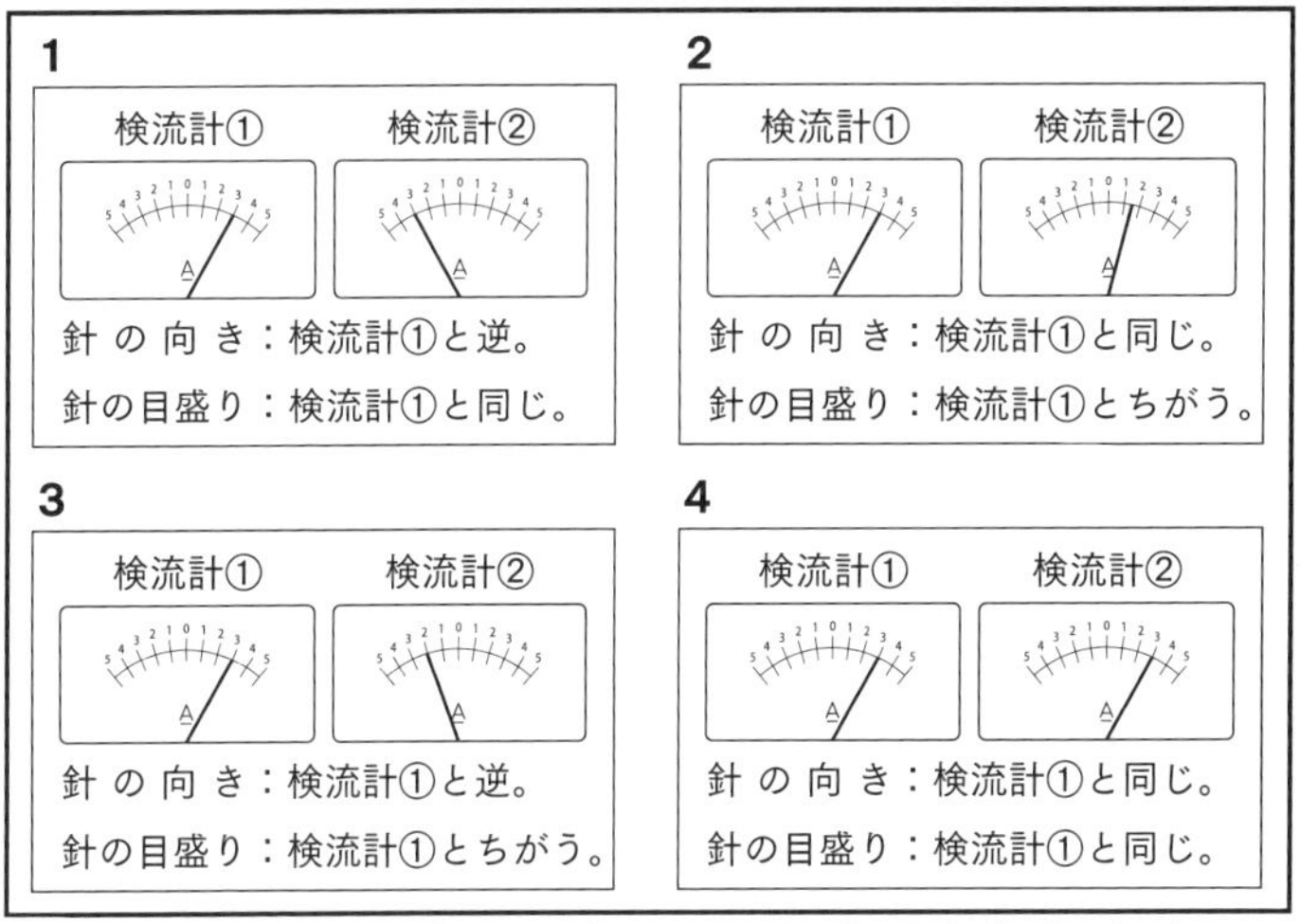

［出典］国立教育政策研究所「平成30年度全国学力・学習状況調査（小理-16）」（https://www.nier.go.jp/18chousa/pdf/18mondai_shou_rika.pdf）を基に作成

います。

　よし子さん（問題に登場する登場人物の一人）は、川のようすを観察し、次の予想をします。

「川を流れる水の速さは、川の上のほうから下のほうへ流れていくほど速くなると思うから、川の上のほうでは、川が曲がっているところの外側も内側もけずられないけれど、川の下のほうでは、外側も内側もけずられると思うよ」

問題は、次のとおりです。

2―⑵　よし子さんの予想が正しければ、アからエに立てた棒は、どのようになると考えられますか。

選択肢は、**資料3**の1～4です。正答は「3」で、正答率は「55・5％」でした。

この2つの問題の正答率をクロス集計すると、「35・1％」に留まります。

この結果について、国立教育政策研究所は次の課題を指摘しています。

自分の考えと異なる他者の予想を把握し、その予想が確かめられた場合に得られる結果を見通して実験を構想することに課題がある。

この指摘はどのようなことを言っているのでしょうか。授業の場面に置き換えて考え

資料3

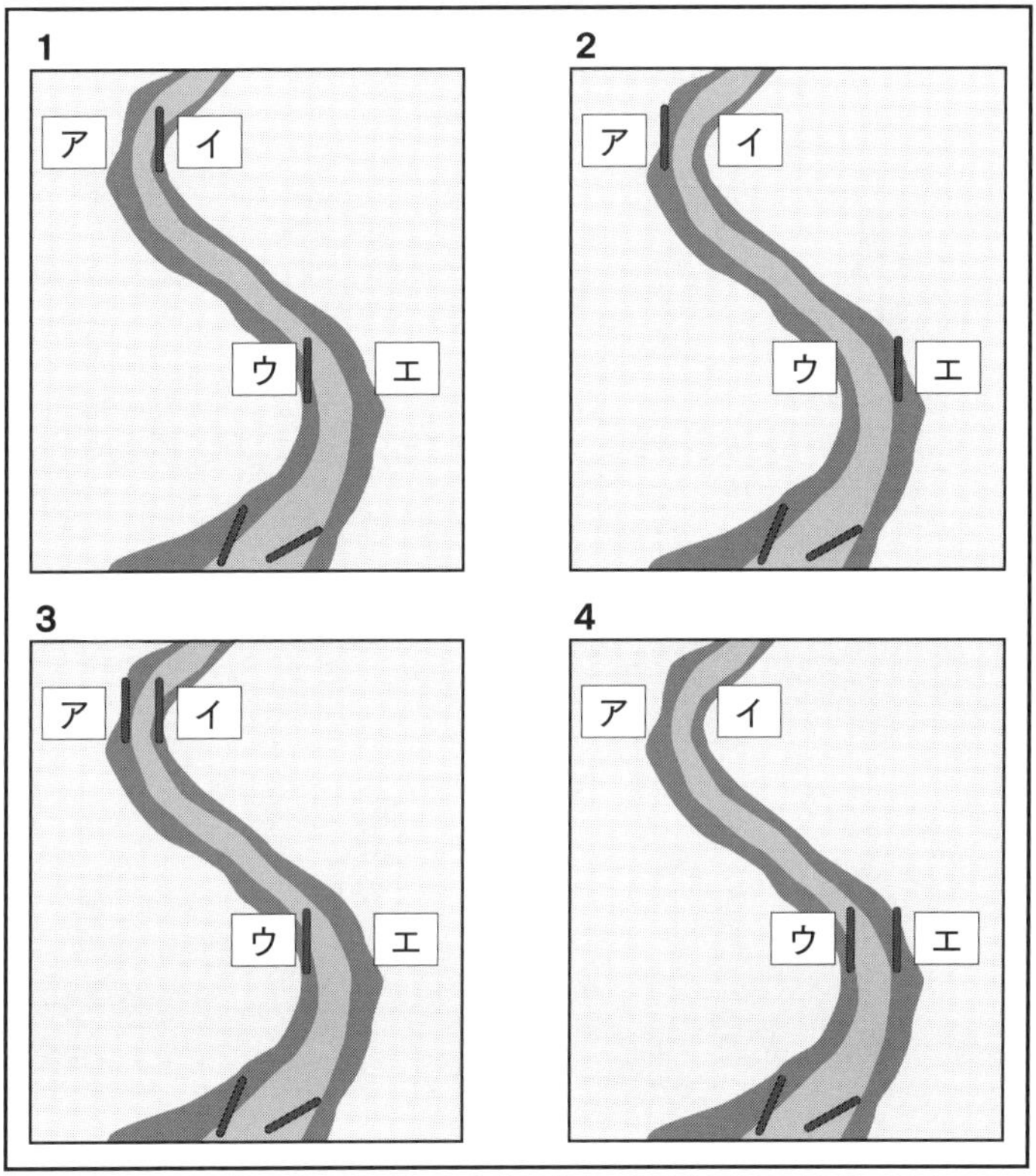

［出典］国立教育政策研究所「平成30年度全国学力・学習状況調査（小理-8）」（https://www.nier.go.jp/18chousa/pdf/18mondai_shou_rika.pdf）を基に作成

てみます。

たとえば、授業の導入部で子どもたちがそれぞれ予想を出し合い、その理由について話し合っているとします。

このとき、子どもは、〝自分の予想が正しいとしたら、この実験だと〇〇という結果が出てくるはず〟だとか、〝Aさんの予想が正しいとしたら、結果は□□になるはず〟〝Bさんの予想が正しいとしたら結果は△△になる〟などとはとらえていないということです。言い換えれば、実験結果を予想する際、他者に視点転換して可能性を探るようなことはしておらず、自分が思いついたことのみをよりどころとしているといった指摘だと読み替えることができます。

もう一つ、気になる点があります。

最初の問題である3—⑵は、現行の学習指導要領では示されていない内容（実験内容）を含んでいるため、正しい結果が「4」になることを、ほとんどの子どもが知らない前提で作問されています。しかし、「4」の選択率が「30・0％」もあります。

私は10年以上前から、4年生を対象に同様の授業を行ってきましたが、ほとんどの子どもは「やす子さん」と同じ予想をします。これは、「＋極から－極へ流れている電流が、モーターを通ることによって消費されるため、電流が弱くなるはずだ」といった素朴概念から導かれているのだろうと考えられます。

一方、同様の趣旨で出題されている2—⑵の実験を実際に行えば、正しい結果は「1」になります。川が曲がっている外側では、水の流れは速くなるため削られるという既習知識をつかえるので、「1」の選択率は「24・4％」にのぼります。

注目すべきは、2―(2)で「1」を選択した子どもの多くが、3―(2)で「4」を選択していたという点です。この結果について国立教育政策研究所は、次の課題を指摘しています。

この子どもは予想が確かめられた場合に得られる結果を見通す際に、これまでの学習を通して獲得した知識を基にしていて、他者の予想を基に結果を見通して実験を構想することに課題があると考えられる。

これは、3―(2)で「4」、2―(2)で「1」を選択した子どもは、先行知識を機械的に当てはめて答える傾向にあったという指摘です。ではなぜ、そうしてしまうのでしょう。

その背景には、問題文をよく読まない（読めない）子どもの存在があります。問題を読まないのですから、問題設定の文脈や回答の条件は無視されることになり、既習で獲得した知識に合う選択肢に飛びつくことになります。つまり、「結果を見通して実験を構想する」といった思考にそもそも至っていなかったということです。

授業改善の視点

では、日ごろの授業のなかで、どのような点に注意して授業づくりに取り組んでいけば、子どもたちが視点転換できるようになり、学力調査問題にも対応できるようになるのでしょうか。

ここでは、授業改善の視点を３つ提案します。

［視点１］討論にしない

次に挙げる状況下で子どもたちに（対話ではなく）討論を求めたとしたらどうなるでしょうか。

- 予想に対する知識や生活経験が不足している。
- 問題に対する子どもの予想がいくつかに分かれている。

子どもは、思いつきを膨らませすぎたり、相手を説得しようとしたり、自分の考えに固執したりするあまり、発言が空想・創造・屁理屈となってしまうのではないでしょうか。すなわち、「根拠のある予想や仮説」から逸脱してしまい、科学的な思考が伴わない不毛な話し合いになってしまうということです。

とくに予想の段階では、どれが妥当な考えに近そうかを論じ合う話し合いではなく、(ブレーンストーミングを行う感覚で)現時点でどのような可能性を挙げることができるかという視点で話し合うことが大切です。

［視点2］自分とは違う考えをもつ他者に視点転換させる

加えて予想を行う話し合いでは、(必要に応じて)他者に視点を転換させる発問を投げかけます。

「『A』と予想した人に聞きます。ほかにも、『B』と予想した人がいますが、どうして『B』だと考えたのか、その理由を言える人はいませんか?」

「去年、同じ授業を行ったときには『C』と予想する人もいました。それは、どんな理由だと思いますか?」

この発問の要諦は、自分とは違う考えをもっている人の理由を想像させる点にあります。加えて、発表するのは他者の考えです。たとえおかしなことを言ったとしても、それは自分の選択した予想ではないので気が楽です。〝下手な鉄砲も数打ちゃ当たる〟くらいの感覚でどんどん意見を促します。

［視点3］実験結果の見通しを共有させる

予想を出し合う話し合いを行う際には、次に示すように、目に見える「結果」と目に見えない「解釈」との関係を明らかにしておくことも、他者に視点転換させるうえでとても効果的です。

［結果①］豆電球が光る　↓　［解釈①］電気が通る
［結果②］ろうがこのように熔けていった　↓　［解釈②］熱がこのように伝わっていった

話し合いの後は、「この予想が正しいとすれば、実験ではどのような結果が得られるはずですか？」と発問し、各自の予想と結果の関係について確認しておきます。

他者に視点転換して「結果」「考察」「結論」を表現させる問題は、全国学力・学習状況調査でも繰り返し出題されています。それは、（繰り返しになりますが）日本の子どもたちは視点転換することが苦手であることが、その背景にあります。

そこで、「これまで子どもの考えをどのように板書してきたか」「他者に視点転換できるような仕掛けを講じてきたか」といった問いを教師がもち、自分の授業の仕方や子どもたちの学習の促し方をリフレクションしながら、改善の糸口をつかんでいくようにするとよいでしょう。

[常識の嘘③]

話型指導の嘘

文部科学省は、子どもたちに必要な力（資質・能力）を「三つの柱」に整理し、社会に出てからも学校で学んだことを生かせるよう、バランスよく育むことを求めています。

●実際の社会や生活で生きて働く「知識及び技能」
●未知の状況にも対応できる「思考力、判断力、表現力等」
●学んだことを人生や社会に生かそうとする「学びに向かう力、人間性等」

このうち、「知識及び技能」は、毎時間の授業等で習得されるものです。「思考力、判断力、表現力等」は、知識及び技能を習得する過程で育成されるものであり、「学びに向かう力、人間性等」は、さらに長い時間をかけて涵養されるものと考えられます。

これらのなかで、各校の校内研究のテーマとしてもたびたび登場するのが「表現力」です。この表現力を鍛えるために、さまざまな活動に取り組んでいると思います。

代表的な例を挙げれば、「1分間スピーチ」「日記指導」「話型指導」などがそうで、がんばってつづけられれば、一定の効果を得られるでしょう。〝継続は力なり〟です。

ただし、相当粘り強く取り組みつづけなければ、期待するような効果は得られないでしょうし、子どもにとってはもちろん、教師にとっても相当のエネルギーを要します。実際、たいへんすぎれば、いつか息が切れてしまうでしょう。そうならずに、子どもの表現力を育むには、日ごろの授業や活動に無理なく組み込めること、なにより楽しいことが欠かせないと思います。

そこでここでは話型指導にフォーカスし、問題点なども洗い出しながら、子どもたちにとっても教師にとっても有意味のあるものにするための考え方と方法を提案します。加えて、低学年向けのスピーチ指導の事例を紹介します。

話型指導の発想を転換する

話し方の型を先に教え、その型に言葉を当てはめて子どもに表現させようとするのが、一般的な話型指導です。例を挙げると次のとおりです。

「私の考えは○○です。理由は…だからです」

「□□さんの考えにつけ足しです…」

「結果は△△になりました。だから…」

ほかにも、「たとえば…」「もしも…」「だったら…」といったバリエーション（つなぎ言葉）も加わり、模造紙やカードなどにまとめて掲示している教室もよく見かけます。

実を言うと私はずいぶん前から、話型指導に対して胡散臭さを感じていました。

子どもたちが発言する際の参考程度にとどめる教室掲示くらいならいいのですが、授業中、話型に則って発言し終えるとその子が、クラスメイト全体に対して「みなさん、どうですか？」と聞き、全員が声をそろえて「いいで〜す」と答えたり拍手したりするやり取りに対して、不自然極まりないものを感じていたからです。

とはいえ、自分ではやりもせず頭ごなしに批判するのはいかがなものかと思い、〝物は試し〟と実際にやってみることにしました。

話型をカードに書いて教室内に掲示し、授業ではこの型に当てはめて発言するよう子どもたちに促しました。それを聞いた子どもたちの多くは、「どうしてそんなことするの？」と戸惑った様子でしたが、とりあえずその日の授業では、素直に話型をつかって発言してくれました。

ところが、次の日の朝、数人の子どもたちがやってきて、私にこう言うのです。

「話型をやめて、自由に発表させてくれませんか」

「どうして、そう思ったの?」と尋ねると、「話型があると、うまく話せないんです」と言います。

私は内心、〝そりゃあ、そうだよなぁ〟と考えていました。〝私だって、職員会議などの場で話をする際に話型をつかいなさいなどと言われたら困るし…〟と。

大人に限らず、ある程度、自分の話し方を確立できていれば、話型がかえって表現の邪魔になってしまうのです。そしてそれは、本校の子どもたちだけではないだろうと思いました。

(特別な理由でもない限り)話型などなくても子どもたちは、自分の考えを友達に伝えることができます。それは休み時間などでのやりとりを見ていれば、すぐにわかることです。

私が以前、受けもった子どもにAくんがいました。ある日のこと、友達と口喧嘩に発展してしまいます。

そのとき、その子がつかいこなしていた話型は、私の想像をはるかに超えるものでした。

「これも違うし、あれも違う。だから残ったこれが正しいんだよ」(消去法)

「これが間違っているのだとしたら、あれも間違いになるじゃないか」(背理法)

相手を説得しようと必死になればなるほどに、表現のバリエーションが増えていきました。その様子を見ていて、〝この子は、普段、授業ではあまり発言しないけど、表現力がないわけではない。それどころか、自分流の話型をもっている〟と感じたのです。

ここで、発想を転換してみます。教師が一方的に求める話型ではなく、子どもの発言から生まれる話型にするという発想です。

子どもが発言した際、「たとえば（例示）」や「もしも（仮定）」といった表現をつかったことに対して、教師が次のように褒めたとします。

「いま、Aさんの『たとえば』をつかった説明は、聞いている人にとってわかりやすいものでした。それは、聞いているみんなが知っている出来事を例にしたからです」

この言葉を聞いた他の子どもたちの何人かは、その表現方法を学習し、真似をしはじめます。すると、その表現は次々と学級全体に伝播し、やがて同じように表現できる子が多くなります。その段階まできたら、そのつど教室に掲示するのです。

そうであれば、私が感じるような不自然な話型にはなりません。子どもの事実と納得が伴っているからです。

教師があらかじめ話型を決め、子どもたちに身につけさせる指導は、型（理論）から表現（事実）を生み出す演繹的なアプローチだといえます。それに対して、子どもの発言から生まれた表現（事実）から型（理論）をつくっていくのは帰納的なアプローチだといえるでしょう。

そのようにして、子どもの表現が積み重なり、少しずつ集団に根づいていく過程を経てこそ、話型指導は子どもたちにとって価値あるものになるに違いないと私は思うのです。

低学年のスピーチ指導

ここでは、低学年向けの「紙芝居スピーチ」の指導事例を紹介します。

1　スピーチ「3つのきまり」

私が受けもった低学年の学級では以前、給食の時間や朝の会、帰りの会で、誕生日を迎えた子どもが「誕生日スピーチ」（活動）をしていたことがあります。スピーチの内容は基本的に、生まれてから今年の誕生日までのことであればなんでもよいことにしていました。

ただ、「誕生日スピーチ」をしてみたいと思っても、家庭の事情によってはできない子どももいるだろうことを考慮し、日ごろの授業、学校行事や習いごと、友達との遊び、趣味…といったテーマを一つ決めて、自分がそれらとどうかかわったかを振り返るのでもよいことにしました。

スピーチする際には、次の「3つのきまり」を守るように伝えました。

【きまり1】「はじめ・なか・おわり」の3部構成でスピーチする。
【きまり2】「はじめ・なか・おわり」それぞれの資料をつくる。
【きまり3】「ユーモア」や「おち」で、みんなを笑わせる。

スピーチの構成を「はじめ・なか・おわり」としたのは、説明文の学習（国語科）で指導済みで、さらに「話すこと」の表現に適用範囲を広げるのがねらいでした。

スピーチを行うに当たっては、「はじめ・なか・おわり」の合計三つの資料（八つ切りのスケッチブックに手書き）を手にして、紙芝居のようにめくりながら話をします（いままで言うところのパワーポイント資料のような感じで、スケッチブックの裏側にスピーチ原稿を貼りつけておくと便利）。

なお、［きまり3］の「ユーモア」や「おち」については、みんなを笑わせるのはなかなかむずかしいので、子どもの実態に応じて設定しなくてもかまいません。しかし、ゆくゆくは意識させたい表現のバリエーションの一つです。

2　スピーチの準備

スピーチを行う日が近づいてくると、子どもたちは自分のスケッチブックを家にもち帰り、スピーチ原稿と資料を作成します。このとき、子どもたちは、「自分が生まれてからいままでにどんなことがあったのか」を知るために、母子手帳やアルバム写真、ビデオ映像等をもとに、保護者とさまざまな対話をすることになります。

この活動は、生活科の学習内容である「(9)自分の成長」に紐づくので、2年生の最後に行う生活科の学習への伏線となります（3年生以上で行うのであれば、学習の振り返りとなるでしょう）。

次に挙げるのは、教師が指導しておくべきことです。

●原稿を「読む」のではなく、友達に「話す」ようにスピーチする。
●原稿を丸暗記するのではなく、どんな「3つの話」をするのかをしっかり考えておく。
●資料は、教室の後ろの席の子どもも読めるように大きな文字や絵、写真をつかう。
●家で練習してくる（教師といっしょに練習するのも可）。

慣れないうちは上手にスピーチすることはできません。しかし、原稿を見ながらのスピーチでは棒読みから抜け出せず、丸暗記であればいつまで経っても聞き手に訴えかける力が育ちません。スピーチにおいて大切にしたいことは、聞き手に視線を投げかけ、話しかけるようにすることです。

また、この紙芝居スピーチの経験は、今後さまざまな学習場面で活用されていきます。たとえば、説明文的な作文を書くとき、プレゼンテーション資料を作成するときなどです。繰り返し活用させていくことで、子どもたちの表現力は高まっていきます。

3　Aさんのスピーチ

〈はじめ〉

私の名前は「真穂《まほ》」です（資料4）。

真穂の「真」は、「本当・真実」という意味です。

真穂の「穂」は、稲穂の穂で、意味は、「実をもたらす、経験を積むことによって自己成長をもたらす」という意味です。

実をつけるほどに、稲穂の先がたれ下がることから、成長するほどに頭を下げ、謙虚になるという意味もあるそうです。

〈なか〉

私のお母さんは、「千穂《ちほ》」、

資料4

資料5

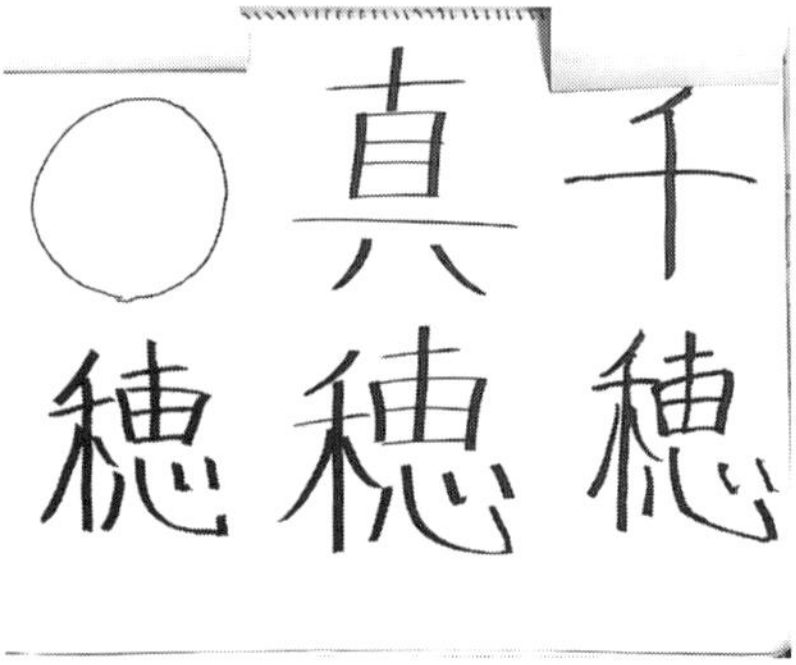

私は「真穂」なので、将来私が女の子を産んだら、「穂」のついた名前を考えようと思います。

50音全部を調べてみました。○に「あ」をつけたら「あほ」になってしまいます（笑）。「と」をつけたら「とほ」になってしまうので、ほかの一文字を考えます**（資料5）**。

〈おわり〉

資料6

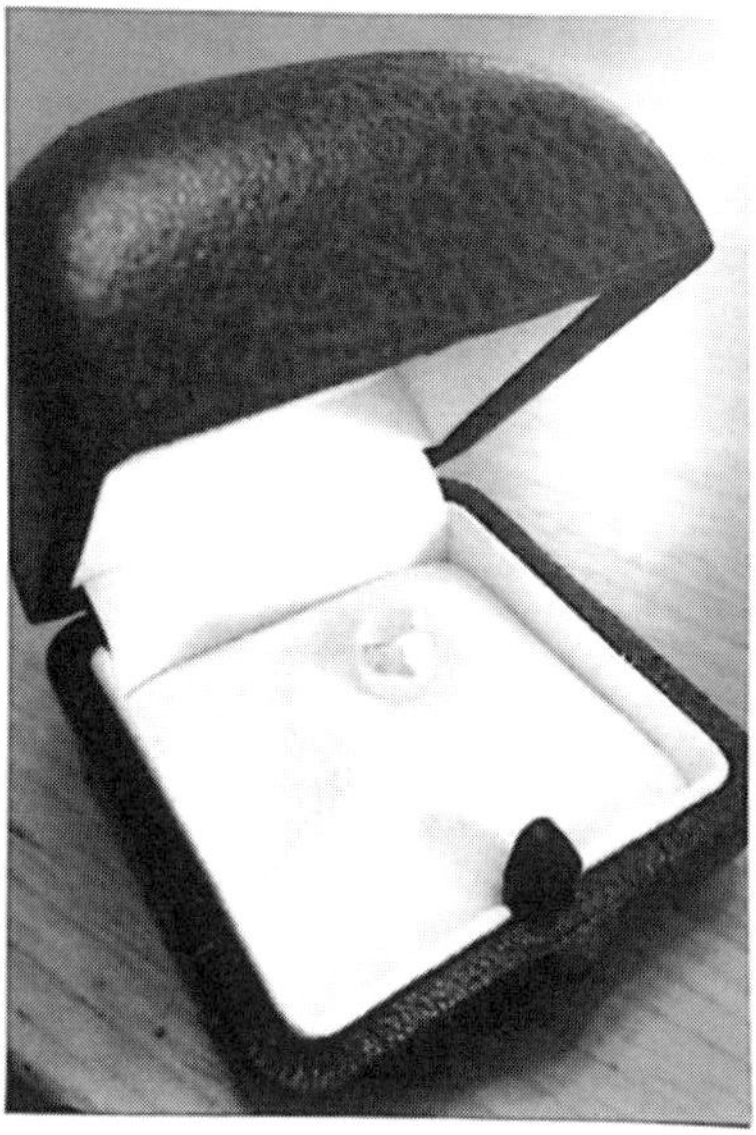

「真穂」の「真」は、真珠の「真」でもあり、私が1歳の誕生日の時のプレゼントは、1粒の真珠でした**（資料6）**。10歳の誕生日で、また1粒の真珠をもらえます。

そして、20歳の誕生日で、その2粒の真珠をピアスにしてプレゼントしてもらえるそうです。だから、私は20歳になったら、耳に穴をあけます。

話し言葉と書き言葉の質的な違い

「話す」という行為はそもそも、アドリブ（即興）に近いものです。そのときどきの状況を咄嗟に判断し、無意識のうちに浮かんだ言葉が組み合わされて口をついて出てくる（表現される）といった感じが近いように思います（流れるように理路整然と話をする方はよく、何度も繰り返しているフレーズが自然につながり、なにも考えずに言葉が出てくるなどとも言います）。

このように考えるだけでも、「話型ありきの指導」というものが、子どもの表現の幅を狭めてしまう（場合によっては、足かせになってしまう）可能性があることを理解してもらえるのではないでしょうか。要するに、子どもが型を意識すればするほど表現は形骸化し、思考が停止してしまうということです。

それに対して「書く」という行為は、頭のなかで思考を進め、言語化し、決められた型に則るように言葉を意識的に組み合わせて表現するという点で「話す」とは質的に異なるように思います。そのような意味で、本項で紹介した「紙芝居スピーチ」は、「話す」と「書く」それぞれの表現のよさを組み合わせた活動になるといえます。

［常識の嘘④］

最後まで話を聞く子どもを育てることの嘘

話を最後まで聞かない子どもを育てる

ある研修会の参加者が、本校の先輩教師（当時）に次の質問をしたことがありました。私が赴任してきて間もなかったころのことです。

「先生は、どのような子どもを育てたいと思っているのでしょうか？」

すると、その先輩教師は次のように答えました。

「話を最後まで聞かない子どもです」

その瞬間、私は耳を疑いました。〝「話を最後まで聞く子ども」の言い間違いではないのか〟と。しかし、言い間違いでも、私の聞き間違いでもありませんでした。

その先輩教師は言います。

「子どもは、大人のようには話をすることはできません。黙って聞きつづければ、意味がわからないことが雪だるま式に膨れ上がっていきます。いったんそうなってしまえば、もともとなにが言いたかったのかすらわからなくなってしまう。だから、そうなる前にいったん話を切り、その場で発言の意味や意図を確認します。そうすれば、その子の発言の内容や意味・意図を、教師やクラスメイトが共有できるようになるのです」

〝なるほどなぁ〟と私は思いました。たしかに、子どもたちが日常的に交わしている会話を思い返せば、それと似たようなことが起きていることに気づきました。

「ちょっと待って（いったん話を切る）、Aさんが言いたいのはこういうこと？」

「だったら、さっきのBさんの考えには反対ってことだよね？」

「でもさぁ、そうなるとCさんの考えは新しい意見ってことになるんじゃない？」

このように、話の内容がよくわからなくなると、聞き手がいったん話を切り、話し手に問うことを通して正確な情報を引き出したり、話し手の説明不足や理解不足を補ってくれたり、子どもたちそれぞれの考えが関係づけ・意味づけされたりする姿を目にします。

このことに気づいたとき私は、〝話し手に積極的に問いかけ、学びに有益な情報を引き出すことのできる聞き手を、意識的に育ててきただろうか〟〝「授業規律」の名のもとに、話の途中で他の子どもが口をはさむことを否定的にとらえすぎてはいなかっただろうか〟と自分に問いかけてみました。

アンチテーゼともとれる「話を最後まで聞かない子どもを育てる」という先輩教師の言葉によって、〝話を最後まで聞く〟という「授業規律」が教師のご都合主義に陥り、子どもたちの思考の妨げになりかねないことに私は気づかされたのです。

ルールに縛られないフリートーキングが、多角的・多面的な思考を促し、ブレイクスルーを生み出すことを、私たち大人は一度ならず経験しているはずです。子どもも同じです。（話を最後まで聞くほうがよい場面もたくさんありますが）授業における話し合い活動においては、一人の子どもが他の子どもへ向けて「発表する」という表現形態にとどめることなく、子どもたち相互が「対話する」という表現形態となるようにすることが大切なのであり、そのような対話が成立したとき、授業改善の視点の一つである「主体的・対話的で深い学び」につながっていくのです。

では、授業の話し合い活動において、子ども相互の「対話」をどのように実現すればよいのでしょうか。

授業のユニバーサルデザインへの誤解

ある小学校で、理科の授業を参観させてもらったときのことです。

「電気の通り道」（第3学年）の単元で、電気を通す物と通さない物の仲間分けをし、電気が通る物が金属であることを理解できるようにする授業でした。

　本時の導入部で解決すべき問題が設定され、予想の話し合いへと進みます。実験方法と注意事項を確認した後、各グループが実験をはじめます。その間、おしゃべりをする子どもはいません。手順にそって淡々と実験が進められ、どの子も実験結果をノートに記録していきます。

　驚いたのは、実験が終わるとすぐに、子どもたちが実験道具を後片づけはじめたことです。すべてのグループが後片づけ終えると、各グループが実験結果を発表し、本時のまとめを行って授業は終わりました。

　私は、その様子に強い違和感を覚えていました。子どもたちが黙って実験していたことや、早々に後片づけをしてしまったことをはじめとして、この授業のどこに子どもの主体性があったのか、子どもたちの対話はどこへ行ってしまったのか…と。

　そこで私は、その学校の研究主任に尋ねてみると、その答えを聞いて再び驚かされました。

「目の前に実験道具があると、子どもたちの集中力が散漫になってしまうからです」

　さらに詳しく話を聞くと、どうやら授業のユニバーサルデザインを参考にした取組だと言います。しかし、これは、授業UDに関する大きな誤解だと言ってよいでしょう。

実験結果を伝え合えば、他の子どもやグループとは違う結果となる子どもやグループが出てくるものです。その違いについて話し合いを行えば新しい疑問が生まれたり、〝もしかして〟となにか閃いたりして、再実験したくなることもあります。

もちろん、危険を伴う実験であれば、子どもの判断で再実験させるわけにはいかないでしょうが、本時のように電気を通す物と通さない物の仲間分けをする活動であれば、ほとんど危険を伴いません。子どもそれぞれの判断に委ねても問題なかったはずです。

しかし、すでに実験道具は片づけられてしまっています。再実験しようがありません。つまり、子どもの問題意識に応える活動を行う余地がないということです。それでは、子どもたちの問題意識を高めるどころかトーンダウンさせてしまいます。

学級にはさまざまな事情を抱えた子どもがいます。そうした子に配慮するために目の前の教材を片づけることが必要なときもあるでしょう。しかし、そうした配慮を子どもたち全員に、しかも機械的に適用してしまえば、いわゆる〝個別最適な学び〟〝協働的な学び〟のいずれからもかけ離れてしまうのです。

国語や算数とは異なる理科授業の特性

実はこうした点に、国語や算数の授業づくりとは異なる理科授業ならではの特性があります。

国語や算数の授業であれば、たとえ一斉指導で話し合いが行われている最中であっても、なにかしら「はてな？」と疑問に思ったことがあれば、教科書の内容を確認したり、文章や図、式をつかって自分の考えをノートに書いたりすることができます。

理科に置き換えれば、この「教科書の内容を確認すること」が「観察」に当たり、「文章や図、式をつかって考えること」が「実験」に当たります。

つまり、国語や算数では、授業が終わるまでの間、子どもたちの机の上にはずっと実験対象と実験道具が置かれたままになっているということです。そのため、子どもたちは自分たちの判断で対象や道具を引っ張り出してきてリアルタイムに試行錯誤できるのです。

しかし、理科授業の場合には、そういうわけにはいきません。観察も実験も特殊な場と道具が必要となるからです。そのため、子どもがいくら疑問やアイデアを思いついたとしても、教師が場を設けなければ試行錯誤することはできません。こうした点をよく踏まえたうえで、授業をどのように組み立てるのかを工夫する必要があるのです。

話し合いながら観察・実験する

観察・実験を行う際には、その前にいつも、次のように子どもたちに伝えていました。

「黙って観察・実験してはいけません。思ったこと、考えたこと、気づいたこと、不思議に思ったことなどをどんどん口に出して、友達と話し合いながら行いましょう」

観察・実験を行う場では、（教師が「黙って行いなさい」などと言わない限り）子どもたちはそもそも、目の当たりにした現象に一喜一憂しながら、思いついたことを口にするものです。そうした所作を肯定するだけでなく、積極的に対話するよう求めていたのです。

「燃焼の仕組み」（第6学年）の単元の導入部であれば、集気瓶のなかに火のついたロウソクを閉じ込める実験をします。しばらくするとロウソクの火は消えてしまうのですが、その事実を目の当たりにした子どもたちは、黙っているはずがありません。

「ロウソクの火が消えちゃったよ」

「炎がだんだん小さくなって消えたよね」

「もう一回やってみようよ」

「やっぱり消えちゃった」

「どうして消えたの？」

「上の蓋をあけたら燃えつづけるかな？」

「やってみよう！」


このような姿こそ、子どもの自然な反応なのです。

それなのにもし、子どもたちが言葉を交わそうとしない様子が見られるのであれば、そこには観察・実験とは関係のない理由があるはずです。たとえば、授業中、自分が考えたことを口にするのがはばかられる雰囲気が教室にある（きつい同調圧力がかかっている）、教師が授業規律という名のもとで縛り、子どもの自然な行動にブレーキをかけているといった理由です。

観察・実験を通して交わされる子どもたちの自由な対話は、事象を観察する際に必要となる視点を共有することにつながり、さまざまな気づきを多くの子どもたちにもたらします。加えて、思考力、表現力、判断力の育成のための重要な活動ともなるのです。

繰り返し実験できるようにする

そうはいっても、自然な流れのなかで繰り返し観察・実験させるのはむずかしいと感じている先生方もいると思うので、効果的な方法を二つ紹介します。

1　五月雨式に実験をスタートさせる

まず子どもたちを教卓の周りに集めます。その後、教師が実験道具を操作しながら実験方法や手順、安全指導を行い、次のように指示します。

「実験の準備ができたら私を呼んでください。合格したグループから実験をはじめてもらいます」

すると子どもたちは、グループの友達と協力しながら素早く準備を進めようとします。早く実験をしたいからです。

準備ができたら授業者である私を呼ぶことになるのですが、準備に時間がかかるグループもあれば、準備不足で不合格となるグループもあります。すると、実験の開始時間も終了時間もグループによってまちまちになります。ここが胆です。

実験が終わったグループから結果を板書させていきます。すると、私がなにも指示していなくても、子どもたちは自分のグループの結果と他のグループの結果を比較しはじめます。自分たちの実験結果と違っていることに気づくと、子ども同士で話し合いをはじめます（他のグループ同士で結果を比較する子どもも現れます）。

その後、しばらくすると、次のようにお願いにやってきます。

「先生、もう一回実験させてください」

教師の許可を得ずに再実験しはじめるグループも出てきますが、安全上の問題がなければ大いに褒め、繰り返し実験することの大切さを伝えます。

理科の実験結果には、イレギュラーがつきものです。だからこそ、他のグループの実験結果を参考にしながら、納得できるまで繰り返し実験し、現象の傾向を大まかにとらえることが大切なのです。

実験結果はみんなのもの、みんなの結果は自分たちのもの。中学年のうちから、このように指導しておくとよいでしょう。事実、科学者は繰り返し実験を行い、誤差の範囲を考慮してデータを処理し、その傾向を見ながら解釈します。

他方、どれだけ実験を繰り返しても他のグループと違う結果が出てしまうこともあります。たとえそうであっても、〝その原因はいったいなんだろう〟とみんなで話し合うことが、理科においてはとても重要なのです。

2 グループを二つに分けて観察・実験できるようにする

「1」で紹介した方法は、短時間で結果を確認できる実験に限られます（物理―エネルギー領域、化学―粒子領域）。準備に手間がかかる実験や、結果が出るまでに時間がかかる場合は、どうしても一発勝負に頼らざるを得ません。そうした場合にはグループを二つに分け、同じ実験を二段階で行うようにします。

ここでは、酸素100パーセントのなかでロウソクがどのように燃えるかを確かめる実験場面を例に説明します。

まず、次のように指示します。

「最初に、奇数グループから実験します。偶数グループは奇数グループの実験を一緒に観察します。実験している間も、なにか気づいたことがあれば自由に話し合ってください」

奇数グループの実験と話し合いが終わったら、どんなことが話題になったかを確認します。

「集気瓶のなかが曇って、内側に水滴がたくさんついた」

「炎が大きくなると思っていたけど、小さくなったような気がした」

「集気瓶に触ったらすごく熱くなっていた」

なかには、こうした事実に気づかない子どもが一定数います。そこで再実験です。

「今度は、偶数グループが実験します。奇数グループの実験で気づかなかったことがあれば確かめてください」

すると、奇数グループの実験のときには気づかなかった子どもも、〝さっき言っていたことはこういうことか〟と気づけたり、新しい気づきが生まれたりします。その結果、多くの子どもたちが多くの情報（実験結果）を共有できるようになるのです。さらに、実験の様子を教師が事前に動画に撮っておけばＩＣＴ機器で確認できるので、さらに理解を深めることができるでしょう。

［常識の嘘⑤］

丁寧に、繰り返し、ゆっくりと話をすることの嘘

子どもが嫌うＮＫＯ

丁寧に、繰り返し、ゆっくりと話をする教師がいます。子どもたちが理解しやすいようにするといった配慮からそうしているのでしょう。とくに低学年の子どもを受けもつ教師にありがちな姿ですが、その接し方は裏目に出てしまうことのほうが多いように思います。（教師のほうは配慮しているつもりでも）子どもの多くは次のように受け取っているからです。

「ながい」
「くどい」
「おそい」

この三つがすべてそろうと、教師の話が子どもの耳に入らなくなります。そこで私は、この三つの言葉の頭文字をとって「ＮＫＯ（エヌ・ケイ・オウ）」と呼び、自分はそうならないように心がけています。

それでは、教師にありがちな「ながい話」「くどい話」「おそい話」について述べていきましょう。

1　N（ながい）話

立花隆《たちばなたかし》氏は、『「知」のソフトウェア』（講談社、1984年）のなかで、次のように述べています（207頁）。

よく学校の国語教育で、文章の要約を作らせることがある。しかし私は、要約作りをやらせる前に、文章を削る練習というのをやらせるべきだと思う。

この1文からわかることは、「なにを書くか」という作業は、「なにを書かないか」の裏返しでもあるということです。それは、前述したように（「［常識の嘘①］むずかしくして深く考えさせることの嘘）、指導案を書き上げた後に3割削る作業に似ています。そしてこれは、「書くこと」だけではなく、「話すこと」にもそのまま通用します。つまり、「なにを話さないか」を考えることがきわめて重要だということです。

板坂元《いたさかげん》氏は、『何を書くか、どう書くか』（ＰＨＰ研究所、１９９７年）のなかで、おもしろいエピソードを紹介しています。

「10分間の演説を行うために、大統領はどのくらいの準備時間が必要ですか」と問われたウッドロウ・ウィルソン（アメリカの第28代大統領）は、「２週間は必要だ」と答えます。

それを聞いた聞き手は、「では、１時間の演説だと、相当の時間が必要になりそうですね」と言うと、「いいえ、１週間で結構」と大統領は言います。その答えに驚いた聞き手はさらに、「２時間の演説だとしたら？」と問い直すと、「それなら、いますぐにでもやれるよ」と答えたのだそうです。

教師はそもそも教えたがりです。子どもに知ってもらいたい、理解してもらいたいと思っていることがたくさんあります。それはすばらしいことです。

しかし、そのために話が冗長になってしまうのであれば逆効果です。教師が口にした言葉（情報）は馬耳東風のごとく流れ、子どもの頭のなかになに一つ残らないばかりか、話を聞くこと自体を嫌にさせてしまうことでしょう。このことからもわかるように、子どもに伝えるべきことがしっかり伝わるためには、「なにを話さないか」の吟味が非常に重要なのです。

ちなみに、文章をわかりやすく書く際には、一文の長さをおよそ50文字程度に収めるのがよいと聞いたことがありますが、話し言葉にも同じことが言えそうです。たとえば、次のように指示されたら、どちらのほうが記憶に残りそうでしょうか。

[指示①] 昨日、先生が話したことを覚えていると思いますが、もう一回言うと、水道で手を洗ったときにハンカチでちゃんと手を拭かない人がいるので、注意してほしいと思います（77文字）。

[指示②] 昨日話したことを、もう一度お話しします。手を洗ったときは、ハンカチで手を拭きます。注意しましょう（48文字）。

［指示②］のほうは、単に短いだけでなく、一文一義（一文に一つの意味）で表現しています。このほうが、より伝わりやすいでしょう。

子どもたちへの指示・説明は短く端的であるほど、情報は正確に伝わるものです。

2 K（くどい）話

教師の話が冗長になってしまう原因の一つにくどさがあります。子どもたちの視線が自分に向いていなかったり、ちゃんと伝わったか心配になったり、口癖だったりして、同じことを何度も繰り返してしまうのです。そんなとき、子どもはこんなふうに心のなかでつぶやいています。

〝その話は、昨日も聞いた〟

〝もう3回目だよ〟

〝わかってるから、もう言わないで〟

くどい話は、大人でも嫌がられます。まして子どもであれば、うんざりされるばかりか、（多感な時期に差しかかった）高学年の子であれば、反抗的な態度をとらせてしまうこともあります。

私自身も相当気をつけていないとそうしてしまいがちなので、気持ちはわかります。しかし、そこは我慢です。

そこで私は、次に挙げる手立てを講じることで回避しています。

●説明するのに必要なキーワードを、あらかじめ板書してから話す。
●ひととおり説明したら、その後に子どもたちからの質問を受けるようにする（繰り返しは必要最小限）。
●本筋と関連することであっても直接的ではない話題については、別に時間（朝の会・給食・帰りの会等）を設けて別の話題として話す。

3 O（おそい）話

子どもが生得的にもっているテンポは、大人が考えている以上に速いと言われています。たとえば、音楽に合わせて歩くにしても、ゆっくりなテンポだとうまく合わせられない子どもがいます。落ち着きなく常に体を動かし、理由もなく廊下を走るという行動も、見方を変えればテンポが速い子どもらしい姿の一つだと言えるのかもしれません。

このような子どもの特性は、「心拍数が大人よりも速いから」「対象に常に働きかけて学習しているから」等、さまざまな説があるらしいのですが、はっきりとした理由はわかっていないようです。ただ、子どものもつ時間感覚は、どうやら（大人である）私たち教師とは大きく違っているということは、経験則として間違いないように思います。

ずいぶん前のことですが、生活科が新設された当時、幼稚園教育との連携が重視され、幼稚園の見学に行ったことがあります。そのときに驚かされたことがいくつかあるのですが、その一つが子どもたちの帰り支度です。教師は音楽を流しながらときおり指示を出し、音楽が終わるのと同時に、子どもたちは帰り支度を済ませて着席したのです。それも、ゆっくりなどではなく、たいへん速いテンポでシステム化されていました。教師による指示も、大人同士の日常会話より速く感じたくらいです。

ほかにも、『セサミストリート』（アメリカの子ども向け教育番組）を観ていて感じたことがあります。番組では、数やアルファベット（文字）が、もの凄いテンポで表示されます。いわゆるフラッシュカードと呼ばれる教育方法だそうで、記憶力を活性化することを目的として、映像記憶を刺激するというのです。

はたしてそんな教育効果が本当にあるのか、真偽のほどは私にはわかりません。しかし、ゆっくりとしたテンポよりも、速いテンポでカードを表示したほうが、子どもの興味を引くことは確かなようです。

子どもが感じる時間は長く、大人が感じる時間は短いとよく言われます。これは、ジャネーの法則とも呼ばれ、時間の心理的な長さは、年齢に反比例するという説です。

10歳の子どもであれば、1年間という長さはその子の人生の10分の1に当たります。それに対して、50歳の大人であれば人生の50分の1となることから、子どもが感じる時間感覚よりも相対的に短くなるということらしいのです。

そういえば、以前観たテレビ番組（『チコちゃんに叱られる』NHK総合）で、子どもがこんな疑問を大人に投げかけていました。

「大人になるとあっという間に1年が過ぎるって聞いたけど、それはなぜ？」

それに対するチコちゃんの答えは「人生にトキメキがなくなったから」でした。

たしかに、子どもにとって世界は、未知に満ち満ちています。そうした未知に触れるたびに感動したり気づきが生まれたりしている子どもたちの1日は、大人に比べてはるかに濃密です。その分、時間を長く感じるというのも、なんとなくうなずけます。

ほかにも、コロナ禍、オンラインで行われていた講義が対面に切り替わった途端、「先生の話がおそくてじれったくなる」「タイパ（タイムパフォーマンス）低すぎ」といった声があがったといいます。どうやら、オンラインのときには講義動画の再生速度を上げて聞いていて、そのほうが理解しやすかったからというのが、その理由です。そのためか、早口で講義を行うようになった大学の先生もいるとか。

最後に紹介するのは、私がまだ教師になって間もないころのことです。

私の授業を参観した先輩教師から「早口すぎる」と指導を受けたことがあります。しかし、目の前の子どもたちはテンポよく（気持ちよく、楽しそうに）活動していたので、私は自分の話すスピードやテンションを変えることはしませんでした（いまも変えなくてよかったと思っています）。

いずれにしても共通することは、教師によるおそい話は、子どものもつ時間感覚やテンポとずれるということです。もちろん、子どもにも理解しやすい言葉選びや伝え方はあってしかるべきですが、単に話をするスピードをおそくするだけでは、かえって子どもの集中を切らせてしまったり、退屈に感じさせたりしてしまうだけでしょう。

映像を共有し、理屈を語る

次に紹介するのは、本校算数部の先輩教師から聞いた話です。

「文章問題の文章を読んでなにを答えなければならないかを理解できたとしても、問題文にある状況を理解できているとは限らない。そこで、あえて（いくつかの意味にもとれる）

曖昧な問題を提示し、どういう条件を整えれば問題の答えを出せるかについて話し合わせる」

1年生の子どもたちに対してであれば、たとえば次の問題を出したと言います。

【問題】公園で子どもが10人遊んでいます。そのなかの5人が家に帰りました。公園に残った女の子は何人でしょうか？

この問題文を目にした子どもは「これでは問題の答えが出せない」と言い出します。そこで、どういう問題にすれば答えが出せるかを話し合うよう指示しました。

子どもたち同士で話し合った結果、次のことがわかれば答えられると言います。

●公園で遊んでいた10人の子どものうち、男の子が何人で、女の子は何人だったのか。
●家に帰った5人の子どものうち、男の子が何人で、女の子は何人だったのか。

ここで注目したいのは問題の映像化と共有化です。子どもたちは話し合いを通して、文章題が示す状況を思い浮かべ、その映像を子どもたち一人一人が共有したという点です。問題文にある状況が映像として理解できれば理屈を語れるようになるので、その後の学習がスムーズに進みます。一見すると回りくどいかのように思われるかもしれませんが、実は授業の時間短縮にもつながります。

また、「映像を共有し、理屈を語る」というこの方法は、他の場面でも応用が可能です。

以下、二つの事例を紹介します。いずれも、その当時、大田区立雪谷小学校に勤務していた向山洋一先生が講演で話をされた内容を参考にしています。

最初に紹介するのは、「N（ながい）話」でも取り上げたハンカチをもたせる指導場面です。

水道で手を洗った後、ある子がこんなことをしていました。

＊教師による手洗い、手を振って水気をとり、服で手を拭くジェスチャー

これでは、床は水浸しになり、服も汚れてしまいます。

ハンカチをもっていない人、手を挙げなさい。

＊子どもの数名が挙手

今日は大丈夫です。明日はハンカチ検査をするので、忘れずにもってきなさい。

次に紹介するのは、夏休みに入る前の生活指導の例です。いまも本校の校長として、毎年全校児童に話をしています。時間にしておよそ1分です。

あるとき、白い自動車がサイレンを鳴らしてやってきました。その車の正体はなんでしょうか？

＊「救急車！」と子どもの声

そう、救急車です。

救急車が来るのは、みなさんが病気や怪我になったりしたときです。夏休み中、健康には気をつけてください。

またあるとき、白と黒の自動車がサイレンを鳴らしてやってきました。

＊「パトカー！」と子どもの声

そう、パトカーです。

パトカーが来るのは、交通事故が起きたり、子どもが誘拐されたりしたときです。夏休み中、事件や事故に遭わないように気をつけてください。

またまたあるとき、今度は赤い自動車がサイレンを鳴らしてやってきました。

＊「消防車！」と子どもの声

そう、消防車です。

消防車が来るのは、火事になったときです。夏休み中、火遊びなどはしないようにしてください。

救急車、パトカー、消防車の３つの自動車を夏休み中に呼ぶことにないように、十分気をつけて過ごしましょう。

全体を示し、部分を語る

前項で述べた「映像を共有し、理屈を語る」は、表現を変えると「全体を示し、部分を語る」と言い換えることができます。

教師にありがちな、子どもが理解しにくい話し方があります。

●理屈が先行して抽象的になったり、順序よく説明しようとするあまり部分の羅列となったり

してしまい、話の全体像がつかめない。

どれだけ部分を事細かく説明したとしても、全体像がわからないままであれば話の内容を理解することはできません。また、こうした伝え方は、話が「ながく」「くどく」「おそく」なりがちです。

2つの場面を例に述べていきましょう。

1　目的地までの道順の説明

職場からの帰り道、最寄り駅（茗荷谷駅）の改札口で声をかけられ、本校までの道順をたずねられたことがあります。

さて、どう説明したらよいものかと考えた末、次のように説明しました。

「筑波大学附属小学校は、この方向へ歩いておよそ5分で到着します。その途中に横断歩道は3か所あり、曲がり角は4か所です。

では、一つ一つ説明します。右手に見える大通りの横断歩道を渡ると左手に交番があります。その交番をすぎて横断歩道を渡ったら右に曲がります。100メートルほど進むとまた横断歩道があるので渡ります。その突き当たりが放送大学で、大学と教育の森公園に挟まれた道が左脇にあるので入り、200メートルほど進みます。途中、右手にはスポーツセンターの建物があります。さらに下り坂を進むと車道に突き当たるので右に曲がり、少し進むと右手に筑波大学附属小学校の通用門がありますので、そこから入構できます」

このようにまず、到着するまでのおよその時間と道のり（全体像）を示し、その後に細かい道順（部分）で説明したわけです。さらに、駅前に設置されている地図やスマートフォンで地図アプリを表示しながら説明すれば、より正確に情報が伝わるでしょう。

ここでは大人を相手に道順を説明した例ですが、子どもに対しても同じです。授業での指示、帰りの会での連絡事項の説明など、子どもになにかを伝えるときはいつも「全体を示し、部分を語る」を心がけています。そうするだけでも、「NKO（エヌ・ケイ・オウ）」の泥沼から抜け出せるでしょう。

2　ダンスの練習に見る全習法と分習法

（前述した）幼稚園訪問でのことです。授業を参観すると、園児たちはダンスの練習をしていました。子どもたちの前で先生が踊っています。その様子を見て、園児たちが真似をします。その間、「こうしよう」「ああしよう」といったことを教師は言いません。ただ繰り返し踊るだけです。にもかかわらず、不思議なことに、だんだんと子どもたちのダンスが出来上がっていきます。そういう練習方法なのです。

このように、学習する内容の全体像を繰り返し示しつづける学習方法を「全習法」と言います。映像記憶が優先する園児にとって適した指導法です。

それに対して、「分習法」という学習方法があります。これは、小学校などでよく見られる練習方法で、全体の流れをいくつかのまとまりに分けて学習を進め、一つ一つの動きが形になってきたら全体をつないでいく手法です。

どちらがよくて、どちらが悪いということではないのですが、いずれにも共通して大切なことは、子どもたちが最終的なゴールをイメージできることです。そのため、分習法であってもまず、ダンスの全体像を示しておかなければなりません。そうであってこそ、分習することの意味を知り、そのつど出来具合を確認できるようになるので、練習に対するモチベーションもキープできるのです。

［常識の嘘⑥］

教えずに考えさせる授業の嘘

〝新しい学力観〟の後遺症

情報化社会のいま、子どもたちはさまざまなデバイスをつかい、インターネット上でいつでも・どこでも膨大な情報を瞬時に取得できます。それは、趣味や生活のみならず、子どもたちの学業にも大きな影響を及ぼしています。その一つに挙げられるのが先行知識です。

それに対して「授業で学ぶことを授業前に知ってしまうのはよくない」と考える教師は、いまもなお少なくないようです。そこには、事象（あるいは教材）と子どもが出合ったときの感動を妨げ、問題解決的な学習を形骸化させるという考え方があります。

このように先行知識を問題視する声は大昔からあるのですが、ある時期、先行知識どころか、知識の教授そのものが問題視されたこともあります。1980年代後半（平成元年）に〝新しい学力観〟なるものが登場したことで、「教えずに考えさせる授業こそ、子どもの学びを深められる」といった風潮の追い風となりました。

その後、「（知識を）教える」という教授活動は、指導力のない教師が行う悪い指導のお手本であるかのようにとらえられ、「教えること」に対して躊躇しはじめる教師が現れはじめます。

子どもは生まれながらに高い能力をもっている、だから教師はそうした子どもの力を引き出し、子どもの問題解決をサポートする存在であらねばならないとし、教師の指導は「支援」という言葉にすり替えられていったのです。授業研究会で、「支援案」という摩訶不思議な指導案が登場するのも、ちょうどこのころです。

私自身、子どもが可能性の塊であること、教師が子どものもてる力を引き出し、黒子となって子どもの学びを支援すること自体を否定したいわけではありません。むしろ、そうすることの重要性をよく理解しているつもりです。

子どもが主体性をもって活動に取り組めてこそ、その子にとっての学びが深まり、本物になることは、前著作でも語ったとおりです（拙著『最高の主体性を発揮する子どもと教師』東洋館出版社、2023年）。

（授業に限らないことですが）教育現場では、教師が前面に出ることなく、子どもの主体性に委ねるほうがよい場面がたくさんあります。それと同時に、教師が積極的に導かなければならない場面もたくさんあります。

要するに、どちらも大事なのであって、どちらか一方に偏るような指導では、子どもの学びは深まらないどころか、学びそのものが生まれなくなってしまいます（そもそも「支援」という行為は「指導」の一形態です）。

当時、発見学習（活動を通して、習得すべき内容に気づかせる学習）こそが問題解決的な学習の中核であると思い込んでしまった教師がいました（私もその一人でした）。彼らはやがて、有意味受容学習（習得すべき内容の意味を理解させながら進める授業）をはじめとする多様な学習方法を柔軟に取り入れることができなくなっていきました。そうしたこともあって、平成12年には子どもたちの学力低下が社会問題化します。

実際、私自身もかつて、指導的な立場にあった方から、次のように指導を受けたことがあります。

「知識は、教えるものではありません。子どもが問題を解決する過程で必要感を高め、子ども自らが主体的に獲得したとき、生きてはたらく知識となるのです」

一見すると、反論の余地がないと思えるほど美しい論であるかのように聞こえるかもしれません。しかし、私には、胡散臭さしか感じられませんでした。

かつては「教え込みがひどすぎて授業についていけず、わからなくなった子どもたち」

を増やし、今度は「なにも教えてもらえずに、わからないままの子どもたち」を増やそうとしているかのように思えたのです。

「教えて考えさせる授業」への誤解

その後、2000年代に入ったころに、市川伸一先生（東京大学名誉教授）が、「教えて考えさせる授業」を提唱しはじめます。これは、基礎的・基本的な学習内容の確かな習得（および定着）を促す指導法の一つで、大きな成果を上げています。

ただし、万能というわけではなく、なかなか指導効果を実感できない教科もあり、その一つが「国語」という声がありました。

その理由は、「教師の説明→理解確認→理解深化→自己評価」（「教えて考えさせる授業」の基本的な流れ）のなかの「教える」部分が、子どもへの一方的な情報伝達に留まってしまう印象を受けるからなのかもしれません。

実際の授業では、子どもと教師の間でなんらかのやり取りがあり、子どもの興味・関心を高めたうえで行うのが「教師の説明」なのだろうと思います。その具体的な指導の姿をイメージしにくいところに、誤解を生む原因の一つがあるのかもしれません。

そこでここでは、本校OBの白石範孝先生が行っていた「詩の授業」を取りあげます。「教えて考えさせる授業」が提唱する授業展開と共通性があると思われるのがその理由です。

実際、この授業スタイルであれば、国語科が言語教育たり得るための基本展開になるとともに、国語教育における「教えて考えさせる授業」の可能性を示唆するものになると私は考えています。

以下、小学2年生の子どもたちと「詩の授業」に参加したつもりで読んでみてください。

1　一連と二連を比較させて教える

まず、『おおきくなあれ』（さかたひろお作）の第一連を板書し、子どもたちに音読させます（実際には、さまざまな方法で音読させていたのですが、ここでは割愛）。

つづいて、二つの言葉を隠して下の第二連を板書します。

第一連
あめの　つぶつぶ
ブドウに　はいれ
ぷるん　ぷるん　ちゅるん
ぷるん　ぷろん　ちゅるん
おもくなれ
あまくなれ

第二連
あめのつぶつぶ
①に　はいれ
ぷるん　ぷるん　ちゅるん
ぷるん　ぷるん　ちゅるん
おもくなれ
②なれ

子どもたちは、自然に第一連と第二連を比較しはじめ、①と②の□のなかにどんな言葉が入るかを考えはじめます。

ここで白石先生は、①には果物の名前が入り、カタカナで書かれていることを伝えました。「パイナップル」「ナシ」「ミカン」等、子どもたちはさまざまな果物の名前を発表します。②についても、「きいろくなれ」「あまくなれ」等、子どもたちは自由に言葉を入れていきます。

第二連の正解
あめのつぶつぶ
①［リンゴ］に　はいれ
ぷるん　ぷるん　ちゅるん
ぷるん　ぷるん　ちゅるん
おもくなれ
②［あかく］なれ

第三連の例
あめのつぶつぶ
①［もも］に　はいれ
ぷるん　ぷるん　ちゅるん
ぷるん　ぷるん　ちゅるん
おもくなれ
②［おいしく］なれ

正解を子どもたちに提示します。

すると、①にも②にも3文字の言葉が入ることに子どもたちは気づきます。

ここで白石先生は、①と②に入る言葉は、三文字ではなくて「三音」であることを教えます。そして、繰り返し音読させながら、リズムの心地よさを感じ取らせていきます。

2　子どもたちの理解度を確認する

教えた内容を子どもたちが理解できているか、ここでチェックします。架空の作者である太郎さんがつくった第三連を子どもたちに提示し、間違いを指摘させていきます。

「教えて考えさせる授業」の多くは、ここで子どもたちに小グループをつくらせ、導入部で学んだことをつかって説明し合う活動を設定するのですが、白石先生の授業の場合は、全体で話し合いながら次の「原理・原則」を再度確認していきます。

①には、カタカナで書いた果物の名前が入る。
①と②には、三音の言葉が入る。

3　理解深化課題で考えさせる

最後に、太郎さんと同じように①と②の□のなかに言葉を入れ、第三連を子どもたち全員につくらせます。

子どもたちは、学習した「原理・原則」を適用し、次のような作品を書いていました。

あめのつぶつぶ
①［イチゴ］に　はいれ
ぷるん　ぷるん　ちゅるん
ぷるん　ぷるん　ちゅるん
おもくなれ
②［あかく］なれ

あめのつぶつぶ
①［バナナ］に　はいれ
ぷるん　ぷるん　ちゅるん
ぷるん　ぷるん　ちゅるん
おもくなれ
②［ふとく］なれ

4　自己評価させる

客観的な立場から自分の作品を自己評価するには、他者の作品との比較が不可欠です。言い換えれば、他者評価と自己評価が往還することによって、指導と評価が一体化する機能が高まります。

白石先生の授業の終末部分では、互いに作品を読み合う活動を通して、自分の表現の誤りに気づいたり、友達の作品のおもしろさを感じたりすることができていました。

物語文、説明文をはじめとした学習材の違いに対応する場合もありますが、一つ一つのスタイルは、基本となるいくつかの授業スタイルの組み合わせによって成立しています。そして、白石先生の授業スタイルもまた多岐にわたります。

「問題解決的な学習」もまた、たった一つの授業スタイルだけで事足りるほど生やさしいものではありません。だからこそ私たち教師は研鑽を怠らず、さまざまなスタイルを身につけることが必要となるのです。

そうすれば、教科、単元、内容、子どもの実態、教師の個性など、諸条件の違いを考慮しつつ、目の前の子どもにとって必要な授業スタイルを選択したり組み合わせたりするなど、授業をフレキシブルに構想できるようになります。

入口は狭く、出口は広く

ここでは理科授業を例にしながら、問題解決的な学習に潜む典型的な落とし穴を紹介します。

「物と重さ」（第3学年）の学習の導入部ではよく、「形を変えると、粘土の重さはどうなるか？」という問題が設定されます。私がこれまで参観してきた授業では、粘土の形をどのように変えるかを先に何パターンか決めておき、グループごとにそれぞれの形ごとに調べる実験へと展開していきます。

一見すると、なんら問題がないように見えるはずです。しかし、そううまくいかないのが理科の実験。イレギュラーな実験結果が出るからです。

本来であれば、どれだけ粘土の形を変えたとしても重さは変わりません。にもかかわらず、重くなったり、軽くなったりするグループが出てきます。そうなるのは、子どもたちが正しい手順、方法で実験できていないからです。

子どもたちの実験する様子を観察していると、いろんなふうに粘土の形を変えているうちにちぎれてしまったり、重さを量るデジテル秤の受け皿から粘土がはみ出したり、他のグループの粘土が入り込んだりしています。そうしたことを気にせず重さを量っているのです。

こうした問題が起きてしまう原因を子どもに求めるのは簡単です。しかし、目を向けるべきは教師の授業展開の仕方であり、〝入口を広く〟してしまったがゆえに起きてしまう実験の典型です。

こうした混乱を避ける基本が、「入口は狭く、出口は広く」です。

まず、粘土の基本の形を〝おだんご型〟にします。その後に平たく潰して〝おせんべい型〟にして（形を変えて見せて）、「重さはどうなりますか？」と子どもたちに問います。つまり、形の変え方をおせんべい型に限定する（入り口を狭める）のです。

そのようにして実験してもなお、重さが変わったグループがあれば、その原因について話し合い、実験を行うときの正しい手順や方法、さらにノートへの記録の仕方等について改めて指導します。

ここまでが、〝入口は狭く〟の部分です。表現を変えれば、「教える」場面です。

その後は、形の変え方をさらに考え、どんなに形を変えても重さは変わらないことを実験して確かめていきます。つまり、今度は形の変え方を広くするのです。加えて、粘土以外の物（紙やアルミ泊等）についても調べ、「粘土でなくても、物の重さは変わらない」ことを学び、一般化を図っていきます。

これが、〝出口は広く〟の部分です。表現を変えれば、「考えさせる」場面です。

ここでは理科の実験を例に述べていますが、「入口は狭く、出口は広く」という方法は、どの教科等においても通用します。

算数を例にしましょう。

算数であれば、「特殊から一般」へと学習を展開することが多くあります。たとえば、「三角形の内角の和は180度である」ことを学ぶ授業であれば、三角定規のような直角三角形の内角の和を調べる活動からスタートします（ここが入口です）。

学習が進み、直角三角形は正方形や長方形を半分にした形であることに気づいた子どもは、内角の和が180度であることを理解します。次に「直角ではない三角形の内角の和はどうなっているのか」と調べる活動に広げ、「どんな三角形であっても内角の和は180度だね」と一般化を図っていくのです。

［常識の嘘⑦］

事実を示し、子どもの考えを変えることの嘘

選択的注意

本校に赴任して間もないころ、先輩教師が講演した内容の一つに「選択的注意」というものがありました。端的に言えば、「人は多くの音のなかから、自分が必要としている情報や重要な情報を無意識に選択すること」（脳の働き）なのだそうですが、そのときは、〝なるほどなぁ〟くらいにしか思っていませんでした。それが後の衝撃的な体験によって認識を改めることになります。

ある日、同僚6人と居酒屋で会食していたときのことです。金曜日だったこともあり、店内は満席。自分たちの話も聞き取りにくいほどガヤガヤしていました。そのため、私たちが会話する声も自然と大きくなっていったほどです。

そんなときでした。どこの席からかはわからないのですが、こんな声が私たちの耳に飛び込んできます。

「筑波大附属小学校ってさ…」

その瞬間、私たち6人の会話がぴたりと止まりました。

そのとき、私たちのだれも、周りの客の話などに関心を向けていなかったはずです。しかも、自分たちの話し声さえ聞き取りにくい状況下です。それにもかかわらず、私たちはその声をはっきりと聞き取りました。まるでその言葉だけ、瞬間的にボリュームが上がったかのようでした。

この現象がまさに「選択的注意」の代表例とも言うべきものです。これはもともと、コリン・チェリー（イギリスの認知心理学者）が提唱した考え方で、「カクテルパーティー効果」とも言います。居酒屋での出来事を、この脳の働きを当てはめると、「筑波大附属小学校ってさ…」という言葉は、本校に勤務する私たちだったからこそ、喧噪のなかにあっても瞬時に聞き取れたということです。

ほかにも、こんな例があります。

病院の待合室などでも、一昔前だったらアナウンスされるとすぐに、自分の番がきたことを理解できました。しかし近年は、うっかり気づかないことが少なくありません。それは、耳の機能が低下したからではなく、（個人情報保護のためか）名前ではなく番号で呼ばれるようになったからです。

また、私は趣味でドラムを叩いているのですが、好きな音楽を聴いていると、（複雑な演奏でなければ）ドラムの音だけが大きく聞こえてくるという感覚があります。のみならず、演奏者の手や脚の動きも頭のなかで映像化されることもあります。

これらはいずれも、「選択的注意」（脳の働き）によるものだと考えられます。

この「選択的注意」は、授業のなかでも生じます。例を挙げれば、子どもたちのつぶやきです。グループごとに子どもたちが和気あいあいと対話している最中であっても、不意に子どものつぶやきが耳に入ってくるのです。

このつぶやきについては、聞き取れる人とそうでない人に分かれるようです。

以前、授業を参観してくれた人から、こんなことを指摘されたことがあります。

「さっきのつぶやき、よく聞き取れましたね。私はたまたまその子の近くにいたから聞こえましたけど、それでもはっきりとはわからなかった。それなのに先生は、その子の席から一番遠いところにいたはずなのに…」と。

私は別に、特別耳がいいわけではありません。これもまた「選択的注意」です。ただし、子どものつぶやきに限らず、授業のなかで「選択的注意」が働くには、次の要件を満たす必要があります。

●子どもたちから引き出したいと思っていることを、授業者自身が強く意識していること。

逆に言えば、そうした意識が低かったり、授業者として引き出したいと思うことが不明確であれば、子どものつぶやきを聞き取ることはできないということです。

実は、授業研究会の協議においても重要となるのが、この「選択的注意」です。授業研究会当日、私たち（参観者）はみな研究授業（事実）を参観します。しかし、同じ授業を観ているからといって、みんなが同じ事実を認識しているわけではありません。

なぜなら、参観者はそれぞれ、自分たちの見たいように授業を見ているからです。授業のどの場面を注視するかは、これまでに積んできた経験や培ってきた知識や技能、現在自分が抱いている課題意識などが背後にあります。それらいかんで、授業のどこをどのように見るかが参観者によって異なるということです。

ここが重要で、参観者がそれぞれ認識している事実に違いがあるから、協議の場でもさまざまな視点や質問・意見が生まれるのです。その結果、だれかの発言を聞くうちに〝そういえば、そんなことを言っていたかも〟とか、〝なるほど、そういう意味があったんだ〟といった気づきが生まれ、より多くの情報が教師間で共有されることになります。

一人きりで参観していても、期待するほどの気づきを得られないのもそのためです。どれだけ優れた授業であってもそうです。〝自分では見ているつもりでいて見えていないこと〟のなかに、その教師が本当に必要としている事実が隠れていることが少なくありません。

子どもも同じです。テキスト（文字情報やグラフ・図表などの視覚情報）であれ、自然事象や社会的事象であれ、子どもたちが同じ情報を目にしていても、選択的にインプットしているので、その認識には違いが生じます。

そう考えるだけでも、子どもたちに「事実を示して考えを変える」ことがいかにむずかしいことかがわかるかと思います。裏を返せば、子ども一人一人認識に違いがあるからこそ、子ども同士で対話する必然性が生まれる（他者の認識を介して新たな気づきを獲得する）のです。

観察の理論負荷性

資料7は直方体の見取り図ですが、現実には平面上に描いた12本の線分を組み合わせたものにすぎません。にもかかわらず、私たちは立体として認識することができます。それはどのような理由からでしょうか。考えてみれば実に不思議なことです。

ＪＩＣＡ（国際協力機構）に協力し、アフリカのとある国に教育支援に行った先で、現地の人に**資料7**を見てもらったことがあるのですが、立体として認識しない人が多くいました。これは脳の処理能力の多寡などではなく、学習（経験）の積み重ねによる認識の違いなのではないかと考えています。（私の勝手な妄想ですが）**資料7**のような図を目にする（それが立体を表現したものであることを知る）機会の有無によるものだという考え方です。

資料7

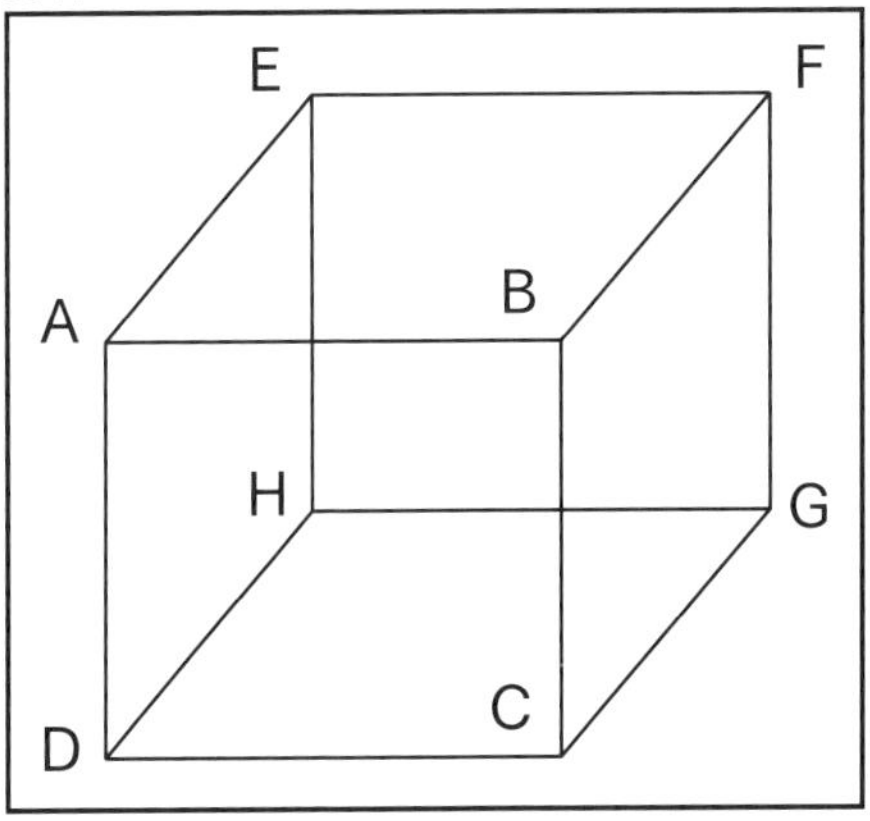

それはさておき、もう一度、**資料7**をご覧ください。おもしろいのは、観察の視点をどこに置くかによって、立体そのものの認識に変化が生じることです。

まず、面ＡＢＣＤを手前にある面として見てください。すると、右下に向かって立体が飛び出ているように見えるはずです。

次に視点を変えて、面ＥＦＧＨが手前になるように見てみましょう。今度は右上に向かって立体が飛び出ているように見えるはずです（視点を変えて見える姿を変えられるようになるには、ちょっと練習が必要かもしれません）。

では、この２つの面を同時に手前として見ることはできるでしょうか。それは不可能だと感じるはずです。

観察対象は同じです。にもかかわらず、視点をどこに置くかによって見取り図の見え方が変化するというのは脳内の働きです。つまり、私たち人間が観察対象に対してもつ認識は、これまでに経験したことや獲得した知識や技能といったフィルターを介して成立するものである以上、その認識には個人差があるということです。言い換えれば、バイアスがかからずに真っ白い心で観察される事実は存在しないということでもあります。

これが、ノーウッド・Ｒ・ハンソン（アメリカの科学哲学者、１９２４〜１９６７年）が提唱した「観察の理論負荷性」と呼ばれるものです。加えて、「理論は観察事実によって反証されるのではなく、別の理論によって打ち倒される」と主張したトーマス・クーン（アメリカ哲学者、科学者、１９２２〜１９９６年）のパラダイム論（実証主義を覆す新しい科学論）でも示されました。

さらに時代を遡って、例を挙げましょう。

かつて人々は〝地球は動かない。太陽は地球の上を動いている〟とだれもが信じていました（天動説）。北半球で観察すれば、太陽は東から昇り南を通って西へ沈みます。何度観察しても同じ結果が得られるので、疑う余地はありません。当時は、いくら実証を重ねても、天動説（理論）を覆すことはできなかったのです。

ところが、ニコラウス・コペルニクス（ポーランドの天文学者、1473〜1543年）という超天才によって天動説がひっくり返されます。その後、多くの天文学者が検証した結果、地動説が正しいことが認識されるようになりました。これは、事実が理論を倒したわけではありません。理論が理論を倒したのです。

平成11年に公示された『小学校学習指導要領解説　理科編』では当時、（理科の目標に加えられた）「見通しをもつ」ことの意義に、前述した新しい科学論が取り入れられ、次のように記されました。

第三は、自然の事物・現象の性質や規則性、真理などの特性に対する考え方の転換である。

自然の特性は、人間と無関係に自然のなかに存在するのではなく、人間がそれを見通しとして発想し、観察、実験などにより検討し承認したものである。つまり、自然の特定は人間の創造の産物であるという考え方である。

このことからもわかるように、科学の特性は発見するものではなく、観察事実を解釈できる理論が先行してこそ理解できるものであると言えます。

しかし、理科教育界においては、発見学習こそがいまだに理想の問題解決的な学習であるかのように信じられている現状もあります。

たとえば、現在も子どもたちの考え（理論）を変えようと、さまざまな実験の事実を示すよう指導する様子を目にしますが、その事実を解釈できる理論が先行していない限り、教師がねらいとして設定した理論に子どもの考えが変わることはありません。

このように、理科教育界においては、古い科学論の呪縛から逃れることができず、事実が理論を倒せない状況がつづいているように思えてなりません。

反証可能性

ずいぶん前のことですが、『新しい科学論―「事実」は理論をたおせるか』（村上陽一郎著、講談社、1979年）という書籍を読んで衝撃を受けたことがあります。それは、科学という学問の起源はキリスト教にあったという事実でした。「この世は神によって創造された」ということを前提として、神の手によるこの世界の美しい設計図を読み解くのが、いまでいうところの科学者の仕事だったというのです。

その後、科学が進展するに至って、宗教と科学を線引きする必要が出てきました。そのようななかで出てきたのが、カール・ポパー（科学哲学者、1902~1994年）による「反証可能性」です。これは、「ある命題が科学であるというのであれば、観察や実験の結果によって常に否定あるいは反駁される可能性をもっていなければならない」という考え方です。

たとえば、「カラスは黒い」という命題があったとします。この命題の信憑性は、繰り返し観察しても黒いカラスしか見つからなかったという帰納的な解釈によって成立しています。ところが、たった一羽の黒ではないカラスが見つかった瞬間、この命題は否定されることになります。つまり、反証の可能性が保持されていることから、「カラスは黒い」という命題は、科学として認められるというロジックです。

それに対して、「キリスト教の教義である聖書には事実のみが記されている」と考えられているそうです。このことは、事実の因果関係は示されていないということを意味します。そのため、反証される可能性がないので科学とは異なるもの（宗教）になるというわけです。

この考え方は、高度な科学領域にとどまる話ではなく、私たちが授業において日常的につかっている教科書も同じです。教科書の記述も常に反証される可能性をもっているわけで、常に観察や実験によって確かめてみなければわからないということになります。

さらに言えば、たとえ観察や実験によって確かめられたとしても、新しい理論の登場によって否定あるいは反駁される可能性を併せもっています。このように考えれば、科学の命題のほとんどは「仮説」に留まるものだと考えてよいのかもしれません。

こんな話を算数の先生に話したところ、「数学の命題のほとんどは反証の可能性はなく、たとえ千年たっても覆ることはない」という答えが返ってきました。なるほど、こんなところにも科学教育と算数教育との違いがあるのだなと思いました。

数字や図形といった記号的なテキストを対象とする算数では、解釈するための理論は必要であるものの、小学校1年生から知識や技能を系統的に積み上げていくという教科特性をもっていることから、（理科とは異なり）発見学習が成立しやすいと言えるのかもしれません。

事実は理論を倒せない

ある小学校の先生と雑談していたとき、実に興味深い話を聞いたことがあります（ここでは、A先生とします）。

「振り子の運動」（第5学年）の実験で、おもりの重さを変えると振り子が一往復する時間（周期）がどうなるかを確かめていたときのことです。

結論から言えば、おもりの重さをいくら変えても振り子の周期は変化しないし、子どもたちからも、次々と「一往復する時間は変わらない」という実験結果が出てきたのですが、A先生は子どもたちの実験方法が間違っていると思ったと言うのです。（理科が専門教科ではなかったこともあったと思いますが）「おもりを重くすると、振り子の周期は短くなる」と思い込んでいたのが原因です。

納得がいかなかったA先生は、授業が終わると子どもたちの実験のどこに問題があったのかを調べるために事後実験をします（本来であれば事前実験をすべきところです）。すると、子どもたちと同様に、おもりの重さをいくら変えても、振り子の周期は変わりません。

ところがA先生は自分で行った実験結果を確認してもなお、〝おかしいな、なんでなのだろう〟と自分が間違っていることに気づきません。

今度は、教科書や指導書、学習指導要領の関係箇所を読んだところ、次の記述が目にとまります。

ア(ア)　振り子が1往復する時間は、おもりの重さなどによっては変わらないが、振り子の長さによって変わること。

びっくりしたA先生は、再度繰り返し実験します。そして、何度やっても振り子の周期が変わらないことを確かめてようやく、〝間違っていたのは自分だったんだ…〟と気づいたといいます。

A先生からこの話を聞かせてもらいながら、私はこんなことを考えていました。

〝本来の問題解決的な学習は、A先生がたどったような過程を経るもののはずだ〟と。

自分の認識と実験結果が食い違っていたからといって、人は容易に自分の考えを変えようとはしません。教科書の記述（知識）を確認し、その内容が本当に正しいのかを確かめるために実験し、何度繰り返しても教科書の記述どおりになることを確かめることができた段階で、やっと自分の考えを変えるのです。

教師である大人だってそうなのです。子どもであればなおのこと、自分の生活体験に基づく思い込みを変えるのは容易ではないということです。このように考えるだけでも、経験主義に偏った授業は多くの課題があることがわかります。

授業改善に必要な視点はまず、発見学習だけに頼らないことです。有意味受容学習をしっかり取り入れながら、理論で理論を倒す授業をつくりあげることに尽きるのです。

［常識の嘘⑧］

教科書をつかわないで授業することの嘘

教師が陥りがちな3つのタイプ

どうやらいま、教育現場では理科が不人気なようです。といっても、子どもに人気がないというのではありません。小学校の教師に不人気なのです。おそらく、担当したくない教科ナンバーワンだと思います。

子どもたちのほうはというと、（意外に感じる方もいるかもしれませんが）人気のある教科の一つです。おもしろくて学びがいのある理科授業を受けた子どもの多くは、間違いなく理科好きになります。

世間では「理科離れが深刻だ」などと言われますが、そうした子どもが目につくのは、子どもの問題ではなく、教師の問題です。つまり、深刻なのは教師の理科離れなのです。

小学校の理科指導は、専科制へとどんどん進むばかりで、歯止めがかからない状況にあります。実際、学級担任をもっていない教務主任や教頭先生が理科授業を担当していることも少なくありません。

あるとき、〝理科の授業を担当するのはちょっと…〟と感じている先生方に、なぜそう思うのかと理由を聞いてみたことがあります。その内容を集約すると、およそ次に挙げる4つでした。

［理由・その1］面倒くさい！

先生方は口々に、とにかく面倒くさいと言います。実験の準備や後かたづけをしなければならないからです。いくつもの教科指導を担当する小学校の担任教師にとっては、授業準備に要する手間暇は最低限にしたいという思いがあるのでしょう。

［理由・その2］むずかしい！

他教科に比べ、〝理科の指導はむずかしい〟と感じている教師は少なくありません。加えて、勤務校に理科専科がいれば授業を行う機会そのものがなくなります。結果、理科の指導に関する知識や技能はますます薄れていくことになります。

［理由・その3］汚い！

理科の学習では、植物を栽培したり動物を飼育したりする活動を行います。前者については、どの学年にも入っているし、後者についてもモンシロチョウをはじめとした昆虫の飼育（第3学年）、魚の飼育（第5学年）もあります。

最近は若い人でも虫が苦手な人は多いようで、虫と触れ合う活動を初任者研修に取り入れている教育委員会もあると聞きます。とにかく、動植物が苦手な先生にとっては気が重いというわけです。

【理由・その4】危険だ！

高学年になると、塩酸やメチルアルコールなどの危険な劇薬を扱います。また、電気や火気を使用した実験も多くなるので、「理科の実験は危険と隣り合わせだ」といったイメージがつきまとうのでしょう。

さて、こうした教師の理科離れの理由を私は、「2M・2K（ニーエム・ニーケイ）」と呼んでいます。「面倒・むずかしい・汚い・危険」の頭文字をとった略称です。

実を言うと、理科の指導を敬遠するのは現職の教師だけではありません。たとえば本校でも、理科の指導を希望する教育実習生はまれです。希望者が一人もいないことも珍しくありません。理由を聞いてみると、やはり「2M2K」です。

その一方で、「2M2K」など頭になく、理科の研究に一生懸命に取り組んでいる教師もいます。私もその一人なわけですが、典型的な3つのタイプ（型）があるように感じます。といっても、理科好きの教師に限ったことではないかもしれません。

(1) 学習指導要領崇拝タイプ

『学習指導要領解説』を熟読し、いかに正しく読み取って授業改善に生かすかに全力を注ぐタイプです。目の前の子どもの実態や自分の課題よりも、国の方針を優先します。

(2) 流行キーワード飛びつきタイプ

「個別最適な学びと協働的な学び」「資質・能力」「探究」など、文部科学省から出てきたキーワードに敏感に反応するタイプです。自分の授業にとって本当に必要なのかについてはあまり吟味せず、「とにかく新しいことを授業に取り入れることありき」(目的化)です。

(3) 自作教材マニアタイプ

教科書なんて必要ない、いい教材があればそれでいい、重要なのはオリジナリティだと言わんばかりに猪突猛進するマニア的なタイプです。往々にして、周りの教師はついていけず、授業の進度も遅れがちになります。

正直に言うと私は、この3つのタイプすべてに当てはまり、段階的に経験してきました。ただ、いまこうして振り返ってみると、教育研究を進めるうえで通らなければならなかった、いわば通過儀礼のようなものだったのではないかと考えています。というのは、いずれのタイプにも問題が孕んでいるわけですが、そうでありながらも、各タイプごとに数多くのことを学んでこれたからです。

その一方で、3つのタイプのいずれかにとどまっていては大成しないのも事実です。いずれも教師として自分が成長するために必要な道であればこそ、その道を抜けた先にこそたどり着くべき地平があるということです。

領域固有性

私が「自作教材マニアタイプ」だったころのことです。なかなか解決できずに悩んでいたことがあります。それは、私が受けもつ子どもたちの理科テストの平均点が、他の学級に比べていつも低かったことです。

なぜそうなるのか私自身、不思議でなりませんでした。というのは、授業はいつもすごく盛り上がっていたし、子どもたちも意欲的に活動に取り組んでいたからです。〝自分の専門は理科だ〟というプライド意識もあってどうにも腑に落ちず、モヤモヤした思いを抱えていました。

それからしばらくして、ようやくその正体が判明します。それが、「領域固有性」です。

これは、思考とはどのようなものであるのかを解釈する言葉の一つで、「学習内容と独立した形式的操作としてではなく、各領域ごとの内容によって固有に働くものである」という考え方です。

例を挙げましょう。

路上で物売りをしているストリートチルドレンがいます。その子は学校に通ったことがなく、算数（計算）を習ったことがありません。

お金の計算ができないのは、その子にとって死活問題です。彼はいくども騙されながら経験値を積み、独自の方法で銭勘定を覚えます。

その子はやがて学校に通うことができるようになります。しかし、どうしたわけか、算数のテストで点数を取れません。なぜか。

テストが求める計算方法と自分が身につけた計算方法がまるっきり違っていたからです。そのため、彼は設問の内容を理解できなかった（自分がなにを問われているのかわからなかった）のです。それでは、正確に答えを出す能力が備わっていたとしても、テストで正答を得ることはできません。

これと同じようなことが私の受けもつ子どもに起きていたということです。なぜ、そんなことが起きるのか、その答えは端的です。私が教科書に則った授業を行っていなかったからです。

教科書に載っていない道具をつかい、教科書に書かれているのとは異なる方法で、子どもたちは観察や実験を行っていました。そのため、学んだはずの科学知識を適用することができず、固有の理論で問題に答えようとしていたのです。

業者テストは教科書準拠で編集されています。設問に自分の知らない道具が挙げられ、自分が行ったことのない方法で答えを要求されるわけですから、できなくて当然です。加えて、教科書をつかって子どもが家で復習しようと思っても、授業で行った実験・観察と明らかに異なるので、復習しようがない（家庭学習が困難になる）といったこともあったはずです。

「全国学力・学習状況調査」（文部科学省実施）では、公平を期すため、理科の問題に登場する実験方法については、すべての教科書に掲載されているか、あるいは、どの教科書にも掲載されていない実験に限っているそうです。
このうち、どの教科書にも掲載されていない実験方法などが盛り込まれた問題の正答率は低くなるという傾向があります。こうした結果になるのも、領域固有性によるのではないかと推測できます。

教科書をつかうとはどういうことか

ここではまず、教科書とはなにかについて整理しておきましょう。

【教科書の発行に関する臨時措置法第2条】 この法律において「教科書」とは、小学校、中学校、義務教育学校、高等学校、中等教育学校及びこれらに準ずる学校において、教育課程の構成に応じて組織排列された教科の主たる教材として、教授の用に供せられる児童又は生徒用図書であつて、文部科学大臣の検定を経たもの又は文部科学省が著作の名義を有するものをいう。
（傍線は筆者）

【学校教育法第34条】 小学校においては、文部科学大臣の検定を経た教科用図書又は文部科学省が著作の名義を有する教科用図書を使用しなければならない。

端的に言えば、「教科書とは、正式には教科用図書と言い、学習指導要領（傍線部の「教育課程」とは各学校が定める教育課程ではなく、文科省が告示する学習指導要領を指す）の内容に則って編集された著作物で、授業での使用義務が課されたもの」という位置づけです。

このうち使用義務については、「教科書を教えるのか」、それとも「教科書で教えるのか」といった議論が昔からあります。ほかにも、（ここではいったん善し悪しは棚上げにして）授業前に子どもから教科書を集める教師もいます。子どもたちが学習内容を確認できないようにするのが目的です。また、（普段の授業では教科書をつかって授業をしているものの）研究授業では教科書をつかわない教師もいます（若かりしころの私もそうでした）。

このように教科書の使用義務に対する受け止めは、教師によってさまざまですが、教師が力量形成を図るうえで、とくに経験の浅い若い教師については、教科書をつかわないで授業することに、私は賛成できません。

そもそも「教科書を教える」ことのできない教師が、「教科書で教える（教科書を教材化して子どもが学べるようにする）」ことなどできるはずがありません。まずは我流に走ることなく、教科書の展開に潜む原理・原則を謙虚に学び、「教科書（の内容）をしっかりと教える」力量形成を図るべきだと考えています。

「教えずに考えさせる授業」にとらわれるあまり教科書をつかわず、いつまで経っても「学力がつかない子ども」にしていないか、これまでの自分自身の実践を顧みても、反省すべき点は多いのです。

教科書活用の二つの視点

教科書活用には、大きく分けて次に挙げる二つの視点があります。

【視点1】 教師が教材研究を行うための教科書活用法
【視点2】 子どもが予習・復習を行うための教科書活用法

この二つの視点に基づいて教科書を活用できたとき、「教科書をつかいながら、教科書を超える授業」への可能性が見えてきます。

［視点1］教師が教材研究を行うための教科書活用法

理科や算数の教科書には、授業を行う際の「発問（問題）」や基本的な授業の流れが掲載されています。このうち、「発問」部分を紙などに書き出してみると、執筆者の意図が見えてくるので、授業展開の全体像がわかりやすくなります。

さらに、（採択された教科書ではない）他社の教科書も購入して比較してみると、どこにどのような違いがあるのかがわかります。すると、どのような理由で違いが生じるのかが気になってきて、いろいろ調べはじめます。たとえば、学習指導要領の解説書を読んだり、先輩教師に聞いたりしているうちに、単元展開一つとってもそこには理論的な背景があることがわかってきます。

一見すると、面倒なことのようにも思えるかもしれません。しかし、教科書に掲載されている単元展開の原理や構造を理解できるようになると、納得して授業を行えるようになるのです。

さて、次の段階は書き出した発問の修正です。実際に指導する子どもたちの実態に応じて調整していきます。ときには、単元展開の構造そのものに変更を加えたくなることもあるでしょう。そのようなときは、先輩教師からアドバイスをもらうようにします。とてもよい研修機会となるはずです。

また、日常の指導を通じてなんとなく思いついたことや気づいたことを、教科書に書き込んでいくこともオススメの方法です。

たとえば、以下のような事柄です。

●指示・発問・説明　●簡単な板書計画
●「教えるべきところ」「考えさせるべきところ」に下線
●つまずきそうな子どもの名前　●特に注意すべき安全指導の内容
●準備物（既にある物、購入する物）　●参考文献（Ｗｅｂサイトも）

教科書に直接書き込むだけでなく、メモした付箋紙を貼りつけるのもよいでしょう。自由に貼り替えができるからです。できれば学校から配付された（授業でつかう）教科書ではなく、自分専用に購入した教科書だとベストです。

【視点2】子どもが予習・復習を行うための教科書活用法

理科の教科書であれば、家庭学習（予習・復習）を意図して編集されているわけではありませんが、考え方次第です。

これから学ぶ箇所を読む（予習する）習慣がついている子どもは、「授業ではどんなふうに学ぶことになるのだろう」と期待感を膨らませます。そして、新たに知り得た情報を頼りに、身の回りの事物・現象に目を向けはじめます。

すると、いままで気にとめていなかったこと、見過ごしていたことにふと気づきます。ときには「なるほど」と腑に落ちることもあります。もちろん、この段階での子どものわかりは、「わかったつもり」です。この「わかったつもり」の「つもり」が、授業を通じてとれて「わかった」になったとき、子どもは深い理解を得て、喜びと感動（知的充足感）を味わいます。

（繰り返しになりますが）家で予習的に教科書を読むことに対して否定的にとらえている先生方は一定数います。授業を受ける前に教科書の知識を得てしまったら、問題解決的な学習を通じて味わえるはずの学ぶ喜びや感動が味わえないから、というのが理由です。

しかし、子どもが味わう学ぶ喜びや感動というものは、そんなちっぽけで単純なものではありません。

「知識を得た（知った）」ということと「理解した（わかった）」ということの間には大きな隔たりがあります。この隔たりをつなぐのが授業です。

授業を通じて、インプットした知識と知識とを有機的に結びつける、結びつけたことをアウトプットする、こうした学習を通して自分の考えを練り上げる、そうすることではじめて理解にたどり着くのです。

ですから、教科書に書いてあることなど、子どもがいつ読んでもよいのです。いえ、読まないよりも、読んだほうがずっといいと考えることもできます。

授業後、子どもたちにもう一度教科書を読んでもらいます。すると、次のような感覚を子どもは味わうことができます。

●最初に読んだときにはわからなかったことがわかった。
●最初に思っていたこととは違っていたことがわかった。
●読み飛ばしていたところに重要なことが隠れていた（見えていなかったことが見えた）。

こうした感覚を得たとき子どもは、自分が学んだことを、自分の言葉で語れる（振り返りを書ける）ようになります。

このように教科書は、教師にとっても子どもにとっても価値あるリソースなのです。

［常識の嘘⑨］

受信型評価の嘘

つかえない評価基準

学習評価が評定においても「目標に準拠（いわゆる絶対評価）」することに改められた平成13年の翌年、国立教育政策研究所は、観点別の評価規準を掲載した資料を公表しました（『評価規準の作成、評価方法の工夫改善のための参考資料（小学校）』）。

それまで学習評価（殊に評定）は集団に準拠（いわゆる相対評価）しており、大きな変更であったことから教育現場におけるインパクトは大きく、この資料にどう基づくかが課題とされていましたが、教育委員会によって対応に違いが生じていました。

その後、多くの学校は、評価規準を基に観点別の学習状況を「A・B・C」に評定するための評価基準（判定基準）の作成に、大きなエネルギーを注ぐことになります。

当時の私も指導案を作成するときには、単元の観点別指導規準を示し、さらに「本時の目標」にかかわる評価基準（判定基準）を「A・B・C」それぞれに設定しなければなりませんでした。それが、（当時私が務めていた勤務校を所管する）県教委の意向だったからです。

実際に、「A・B・C」の判定基準となる評価基準を作成してみると、作成したなりの成果を自覚できました。「本時で期待する子どもの姿とは具体的にどのような姿か」「そのような姿となるために、自分は教師としてなにをしなければならないか」などについてじっくり考える機会になったからです。その一方で、自分が作成した評価基準を、他の教師もつかえるかというと、そう単純ではありませんでした。

同じ授業を参観していても、その授業に対する評価に違いが生じるのは、教師それぞれが獲得している知識や経験に違いがあるからです。評価基準という明確な視点をもって参観しても「あれども見えず」となります。これは、私たち教師が日常的に経験していることです（111頁参照）。

受けもつ子どもたちの学習にフィットするように自分で評価基準を作成するから、意味や価値が生まれるのです。そうした作成過程を共有していない教師にとって意味をもち得ないのは、考えてみれば当然のことです。

結局、評価基準を作成する作業は、研修機会の一つとはなったものの、出来上がった評価基準は、「絵に描いた餅」のようになってしまっていたと思います。現行の「評価の観点」に置き換えて言えば、量的に学習状況を評価しやすい「知識・技能」はともかく、

「思考・表現・判断」については量的に測定することはむずかしく、どの学校のどの教師が評価しても客観性を保持するなどといったことは、土台無理な話だったのです（現在、文部科学省は、学習評価において保証すべきは、客観性ではなく、妥当性・信頼性だと説明しています）。

結局のところ、主体的に研修することを通じて知識を獲得し、経験を積むことを通して培われる教師自身の「思考力・表現力・判断力」が一定水準を上回ったとき、はじめて学習評価に対する客観性は高まっていくのだと思います。これが、評価基準を作成してきて得た、当時の私たちの実感でした。

ある視点をもって対象を観察するということは、それ以外の視点を切り捨てることでもあります。これは、学習評価にも当てはまります。教師が作成した評価基準をもとに子どもの学習状況を「A・B・C」にふるい分けしようと意識すればするほど、教師の評価活動は「量的評価」への比重が増し、授業の過程における形成的評価の機能は下がっていきます。

私たち教師に求められるのは、授業における「量的評価」を行いつつも、「指導と評価の一体化」の機能をより高めた「質的評価」をどう具現するか、その具体的な方法を評価技法として獲得することにあります。

「受信型」の評価

以前、研究授業を参観していると、机間巡視を行いながら子どもの活動の様子を座席表に記録している様子をよく見かけました。（さすがに最近は少なくなりましたが）この方法だと、記録している間、子どもを観察することはできません。実際、わざわざそうするほどには肝心の子どもの学習状況（情報）を得られていなかったように思います。

ほかにも、抽出児を決め、担当する教師がその子の学習状況を事細かく記録する方法をとられることもありましたが、「質的評価」に必要な情報は、ほとんど記録として残りませんでした。

この手の評価技法に共通することがあります。それは、「受信型」の評価である点です。子どもの活動をいかに客観的に受信し、記録・記憶するかにエネルギーを注ぐ受信力そのものは、教師としてたしかに必要です。実際、この能力に長けた素晴らしい教師を私は何人も知っています。

そのうちの一人が、故・坪田耕三先生（筑波大学附属小学校ＯＢ）です。坪田先生は、『もっと自由に算数指導』（光文書院、1994年）のなかで、次のように語っています。

小学校の教師として私たちはプロである。ならば、自分のやった授業のメモなど見ずとも再現できなければならない。何列目の何番目の子が、自分のあの問いに対してこんな答えをした、というのが即座に思い出せなければならない。

囲碁や将棋の棋士は、棋譜（対局の記録）をすべて記憶し、なにも見ずに再現できると言います。教師もそれだけの記憶力と再現力があるならば、「量的評価」と「質的評価」とを同時並行的にできるのかもしれません。

坪田先生は、まさにそうしたことができる方でしたが、そんな教師はほとんどいません（きわめて希有な教師でした）。実際、どれだけの研鑽を積んだとしても、多くの教師がこの能力を身につけることは、現実的ではないと思います（私にも無理です）。

私たちにはほかの方法が必要です。

その一つに挙げたいのが「発信型」の評価です。

「発信型」の評価

「発信型」の評価とは、教師である自分がどの子どもに対してどのような指導をしたのかを想起し、その指導記録を評価材料にすることで「質的評価」を行うといった方法です。

評価を発信型にするためのポイントは三つあります。

［ポイント1］子どもから子どもへ、情報を発信できるようにする

問題場面に出合ったとき、子どもはこれまでの生活経験や既習事項をもとにしながら、〝こうすればいいかな？〟〝こういうことかな？〟などと自分なりの考えをもちます。

その後、クラスメイトの考えと比較しはじめ、〝自分の考えとどこが同じなのかな〟〝どこがどう違うなのかな〟などと見極めようとします（モニタリング）。その後、自分なりに見極めた情報を取捨選択しながら、自分の問題解決に生かしていきます（コントロール）。

このように、子どもがたどる問題解決のプロセスがあります。このプロセスを踏まえ、授業で飛び交う情報（発言）の流れを、これまでの「教師から子どもへ」から「子どもから子どもへ」とシフトするように意識しながら意図的に働きかけるようにします。

たとえば、子どもたちが自由に活動している場面であれば、次のような声かけが考えられます。

「Aさんの考えは、Bさんと違うみたいだよ。ちょっと話し合ってきてごらん」

「Cさんの困っていることは、Dさんが助けてくれるんじゃないかな」

するとAさんはBさんのところへ、CさんはDさんのところへトコトコと近づいていって自分の考えを相手に伝えます。BさんやDさんも、AさんやCさんの話を聞いて、その考えに対する自分の考えを伝えてくれるでしょう。

加えて、子ども同士の伝え合いは一往復では終わらず、何度か往復します。このときがチャンスです。その子たちの学習状況を知ることができるからです。

端的に言えば、子どもが互いに「発信」し合うように教師が働きかけることを通して質的評価に必要な情報を得るということです。こうした情報には、量的に推し量ることがむずかしい子どもの思考力・表現力・判断力を発揮した様子がふんだんに含まれているのです。

［ポイント2］問題解決場面で教師が行った評価を、積極的に子どもに発信する

個に応じた指導をしようと意識したとき私たち教師は、たとえば次のように声をかけて個にかかわろうとします。

「へ〜、Fくんがその方法を考えたんだ。すごいじゃないか」

この言葉かけは、事前にFくんが考えた方法を評価していたからこそできることであり、そのときの評価を子どもに還元するものです。この還元は賞賛そのものなので、指導としての機能を高めているとも言えます。

どの授業においても教師は、意識的にも無意識的にも子どもを評価しています。そのように考えれば、子どもと積極的にかかわる（発信する）ことを通して、教師の質的な評価の実体を、教師の指導として表出させることができると考えればよいのではないでしょうか。

［ポイント3］教師が「だれに、どんな指導をしたか」を、事後に発信する

前述した［ポイント1］［ポイント2］に基づき、子どもと教師それぞれの「発信」の内容を記録し、分析します。

資料8は、教師が「どの子に、どんな指導をしたのか」を、観点別に記録したものです。「ポイント2」で述べたように、「教師の評価が形を変えて表出したものが指導である」と考えるならば、指導記録は、子どもそれぞれに対するその教師の評価だと解釈することができるでしょう。

こうした指導記録には、教師が子どもに対して行った「質的評価」が含まれているはずです。

加えて、教師は、「どの子にどんな指導をしたのか」を意外に記憶しているものです。つまり記録と記憶を重ね合わせれば、そのときどきの子どもの姿をリアルに

資料8

○● ：[illegible]　◇◆ ：[illegible]
□■ ：[illegible]　△▲ ：[illegible]　☆★ ：[illegible]

No	単元	第1次 ① 7月5日（火）	② 7月7日（木）
1	[redacted]	◇	○□△◇○◇□
2	[redacted]	◇△	○□◇◇
3	[redacted]	◇△	□
4	[redacted]		○●
5	[redacted]	☆	○□◇○◇
6	[redacted]	○◇	□□
7	[redacted]	◇	□◇△◇
8	[redacted]	◇	◇□
9	[redacted]	◇	□○●□
10	[redacted]	◆	◇□
11	[redacted]	◇	□□◇
12	[redacted]	●◇☆	□□◇
13	[redacted]	●◆	●■■○□
14	[redacted]	◆	■
15	[redacted]	○◇☆	○□□
16	[redacted]	◇	□
17	[redacted]	◇☆	□○◆□◇
18	[redacted]	◆	○□◆□□◇□
19	[redacted]	◇	□◇
20	[redacted]	◇	□□◇
21	[redacted]	○◇	□◇○□☆（クイズ）
22	[redacted]	◇	□○◇
23	[redacted]	◆	■○△◇○
24	[redacted]	☆	□○◇□□○
25	[redacted]		●□
26	[redacted]		■○◇
27	[redacted]	◇	□○◇
28	[redacted]		□□◇□
29	[redacted]	◆	□◇□◇
30	[redacted]	欠席	欠席
31	[redacted]	◇	□
32	[redacted]	◇	□☆（クイズ）◇
33	[redacted]	◆	◆□○
34	[redacted]	◇	○
35	[redacted]	◇	□○◇

再現できるということです。

必要条件としての「量的評価」

ここで、あえて強調しておきたいことがあります。それは、質的評価に気を取られるあまり、量的評価を疎かにしてはいけないということです。

「読み・書き・計算」など繰り返しトレーニングを積むことで、（習得と定着の度合いに個人差はあるものの）子どもたちはテストで点数をとれるようになります。そうした結果を評価材料とすれば（「評価の観点」としての）「知識・技能」を「量的評価」することができます。

ただし、量的評価に頼るばかりでは（「評価の観点」としての）「思考・判断・表現」を評価することはできません。ここに「質的評価」を行うべき理由があるわけですが、ここで一つの疑問が湧きます。

「『知識及び技能』の習得・定着なくして、『思考力・判断力・表現力』が高まるなどといったことがあるのだろうか？」という疑問です。

これは「子どもがなんの知識もなく、自ら考えることができるのか」という疑問と相通ずるわけですが、「思考力・判断力・表現力」は、子どもが「わかった」「できた」という事実を生み出す学習過程で培われるものです。

このように考えれば、子どもの学びが質的に高まったと評価するには、量的な学びを必要とする、すなわち、「量的評価を必要条件とみなす」ことが欠かせないということです。「量的評価」と「質的評価」、それぞれの目的を明確にするとともに、「量」と「質」の関係を意識しながら評価活動を行ってこそ、「指導と評価の一体化」の機能は高まるに違いありません。

評価における教師の思考力・判断力・表現力

以前、あるテレビ番組で、（最年長記録で将棋の名人位に就いた）棋士の米長邦雄氏が、百手を超える詰め将棋問題をあっという間に解いてしまったのを見たことがあります。

その様子も十分に興味深かったのですが、それよりも私が驚いたのは、その後に語られた米長氏の言葉でした。

「どう指したらよいか、まず正解が見える」

素人の私には、その言葉の意味をまったく理解できませんでした。なぜなら、それまでの私は、「将棋というものは、ああすればこうなる」という具合に、順序立てて考えながら次の手を打つものであり、それが将棋における「読み」だと思い込んでいたからです。

その後、人間の記憶には、「宣言的記憶（顕在記憶）」と「手続き記憶」というものがあることを知り、〝米長氏が言っていたことは、もしかしてこういうことなのかな〟と思いあたりました。

まず、「宣言的記憶」とは言語化できる記憶であり、反復によって暗記することが可能です。それに対して「手続き記憶」とは〝体が覚えている〟という感覚に近い記憶で、簡単には言語化できません。

例を挙げましょう。

自動車学校ではまず、テキスト教材をつかって車の運転の仕方を学びます。ここでつかわれるのは「宣言的記憶」です。

次に、実技訓練へと進み、テキスト教材で学んだ「宣言的記憶」を頼りにしながら、実際に車を操縦してみます。しかし、容易には操縦できません。何度も失敗を繰り返しながら練習を積み重ねます。そうするうちに、操縦する手順を頭のなかで反芻しなくても運転できるようになります。自然に手足が動くようになるからです。これを「手続き記憶」と言います。

つまり、車の操縦の仕方（宣言的記憶）を知らなければ運転することはできない、しかしそれだけではダメで、体が覚えてくれなければ（手続き記憶がなければ）やはり運転することはできない、ということです。

こうしたことは自動車の運転に限ったことではありません。楽器演奏などもそうですが、なんらかの身体的技術を習得するうえで欠かせないのが手続き記憶です。このような現象（手続き記憶」が成立している状態）を心理学では「自動化」と呼ぶそうです。

そして、ここからがおもしろいのですが、さらに多くの経験を積み重ねると、今度は直感的な判断によって「正解」を導き出せるというのです。つまり、プロセスをショートカットして結果を得ることができるようになるということです。これがおそらく、米長氏の言う「まず正解が見える」ということなのでしょう。

この考え方を、教師の指導に置き換えてみます。

「授業名人」と評される教師たちがいます。彼らは、平素の授業において「宣言的記憶」を頼りにしてはいません。「どのようなとき、どんなことを考え、判断し、表現するのか」

が「手続き記憶」されており、子どもの反応の事実を受信した瞬間、〝次に自分はなにをすべきか〞を判断し行動に移します。つまり、自動的に適切な対応をしているわけです。ここでもやはり、プロセスがショートカットされているといってよいでしょう。

そのため、子どもの反応を即座に受け止め、投げ返し、授業が間延びすることなく進めていくことができるのです。逆に、必要とあらば、(子どもをはっとさせる、沈黙の時間をつくる、じっくり考えさせるといった)間《ま》をつくることもできます。参観者にしてみれば、〝なぜ、そんなことができるのだろう〞と理解することがむずかしい様子でもあります。

こうした教師としての「手続き記憶」を身につけるには、自ら手を挙げて研究授業を積み重ねていくほかありません。

学習指導要領や解説書、教科書などの資料なども紐解きながら(教科によっては実地取材なども行いながら)教材研究を行い、何度も指導案を書き、書き直し、参観者がいる緊張感のなかで授業を公開し、参観者と協議し、授業をリフレクションし、自分の課題解決のために必要なことを考えて次に備える。

こうした積み重ねを通して「手続き記憶」は磨かれ、やがて指導が「自動化」していくのだろうと思います。

［常識の嘘⑩］

問題解決学習という名の嘘

「問題解決学習」とは？

「『問題解決学習』が形骸化している」

昭和30年代のころ、こんな批判がよく聞かれていたそうです（ここで紹介したいのは、現在の「問題解決的な学習」とは異なる点に留意）。手間暇をかけた割には教育効果を見いだせない、むしろ基本的な学習内容が身につかないというのが理由です。

ここではまず、「当時の問題解決学習とはなんだったのか」について整理しておきたいと思います。

最初に紹介する提唱者はジョン・デューイ（アメリカの教育学者、１８９５～１９５２年）です。自ら問題を見いだし、主体的に解決していける能力育成を目指した学習理論で、おおよそ次の５つの段階で構成していました。

①問題を把握する段階
②仮説を立てる段階

③検討を加え解決の工夫をする段階
④仮説を確認する段階
⑤仮説を検討する段階

［出典］北澤弥吉郎、栗田一良、井出耕一郎編『新訂 理科教育指導用語辞典』教育出版、1993年

この5段階の中身は、デューイ自身によって繰り返し改変されたそうですが、日本にもち込まれた後、私たちのよく知る授業展開（導入・展開・終末）の原型となりました。加えて、「①つかむ」「②見通す」「③調べる」「④確かめる」「⑤まとめる」といった形式も生まれ、いまも多くの学習指導案で見られる様式です。

ほかにも、G・ポリア（ハンガリーの数学者、1887〜1985年）がいます。彼は、問題解決の過程を次の4つの段階に分けて説明しました。

①問題を理解すること
②計画を立てること
③計画を実行すること

④振り返ってみること

［出典］日本数学教育学会編著『新訂 算数教育指導用語辞典』教育出版、１９９２年

この学習理論は、後に算数教育に影響を与え、算数授業における問題解決学習の形式（「①課題把握」「②自力解決」「③練り上げ」「④まとめ」）の原型になります。

こうした動きに対して広岡亮蔵氏は、「問題解決学習は〝這い回る学習〟だ」などと批判し、「系統学習こそが必要だ」と主張します。その後、当時の世の中では、〝教え込み教育〟が批判の的となっていたこともあって、広岡氏は「課題解決学習」を提唱するようになります。

これは、指導すべき内容を課題（内容）に置き換えて子どもに提示し、学習を通して解決させていく（内容理解を深めていく）という学習法で、「系統学習」と「問題解決学習」それぞれのよさを融合させようとしたものでした。

ただ、当時の教育現場ではあまりうまくいかなかったようです。子どもが解決したいと思えないような課題（内容）提示となってしまうことが少なくなく、結局子どもが学習を進めていくなかで教師が課題を見いだし、いくつかの段階に分けて提示するという手

法がとられました。

「問題解決的な学習」とは？

現在では、学習指導要領や各教科等の解説書を見ても、「問題解決学習」という表記は見当たりません。いずれも、「問題解決的な学習」と表現されています。ここで言う「的な」とは、「問題解決学習のような学習」といったニュアンスだととらえて差し支えないでしょう。

歴史的経緯を踏まえれば、デューイやポリアが提唱した「問題解決学習」、広岡亮蔵氏が提唱した「系統学習」や「課題解決学習」を研究し、教育現場で実践し、そこで見いだされた課題克服のために、修正・変更・合体を繰り返した結果生まれた、「日本型問題解決の多様な学習過程」の総称だと言えます。

その後、月日が経ち、平成10年版の学習指導要領では、総則において「自ら課題を見付け、自ら学び、自ら考え、主体的に判断し、よりよく問題を解決する資質や能力を育てること」ことが規定されます（第3　総合的な学習の時間の取扱い）。この規定が「問題解決学習の本質」を意味するものであると考えられます。

ただし、「課題を見付ける」「自ら学ぶ」「自ら考える」「主体的に判断する」ために必要な方法や学習過程を画一的にしてしまえば、再び〝這い回る〟に違いありません。

多様であってこその「問題解決的な学習」です。だからこそ、授業を通じて子どもの問題解決の状況を的確に見取り、判断し、フレキシブルに対応することが、教師には求められるのです。

曖昧な「問題」と「答え」との関係

「問題解決的な学習」という以上、学習者である子どもが解決すべき「問題」がどこかにあるはずです。そして、その「問題」に整合した「答え」が導かれるからこそ解決に至ります。

実際の学習では、問題解決を図る過程で新たな「問題」が生まれ、学習が発展的に展開することもあります。しかし、通常の授業であれば、「問題」に対する「答え」が導かれるのが基本です。「説明文」（国語）であれば、序論で「問いの段落」が設定され、本論でさまざまな事実が示され、結論で「答え」の段落が設定されます。
では、理科の場合はどうでしょう。教科書にはいずれにも「問題」が示され、観察・実験を通して結果が導かれ、考察を経て、問題の答えとなる「まとめ」が記されています。しかし、「問題」と「まとめ」との関係が曖昧なものも見られます。
ある教科書の「物の燃え方と空気」（第6学年）にはかつて、次のような「問題」が掲載されていました（あくまでも「ような」です）。

【問題】物が燃えると、空気中の気体の体積の割合はどのように変化するのだろうか。

最後の「まとめ」には次のように掲載されていました。

【まとめ】ろうそくや木などが燃えると、空気中の酸素の一部がつかわれて二酸化炭素ができる。

「問題」では「物」という一般化した表現がつかわれています。それに対して、「まとめ」では「ろうそく」「木」といった具体物に置き換わっています。加えて、「問題」では気体の割合の変化を問うているのに、「まとめ」では「つかわれる」「できる」という表現に変わっています。これでは、「問題」で問うていることに、「まとめ」が答えられていないことになります。

かつては、このように整合性がとれていない曖昧な「問題」と「まとめ」が、どの教科書にも見られました。現在は、ある教科書会社が改善したことがきっかけとなって、だいぶ減ったように思います。

さて、「問題」と「まとめ」との整合性を図るのだとしたら、どのような表現だったらよいのでしょう。コツはシンプルです。本時の目標を達成するために子どもに表現させたい「まとめ」を先に設定してから、「問題」を考えるだけです（以前、ある編集者から聞いた話ですが、試験問題集を制作する際にも、先に「答え」を決めてから「問題」をつくれば、「答え」の出せない「問題」にならずに済むそうです）。

【まとめ】物が燃えると、空気中の酸素の割合は減り、二酸化炭素の割合は増える。

次に、「まとめ」と整合性のとれる「問題」を考えます。

【問題】物が燃えると、空気中の酸素の割合と、二酸化炭素の割合はどうなるか。

ときには「問題」を子どもたちに考えさせることもありますが、まとめ方がむずかしくなってしまうことが少なからずあります。そこで、子どもが表現した言葉を取り入れながらも、最終的には「まとめ」を表現しやすい「問題」を教師が板書しておくとよいでしょう。

「問題」の主語と述語の位置

「問い」と「答え（まとめ）」の関係となると、（実際の授業のなかでは）さらにいい加減なものになっていきます。

たとえば、「物と重さ」（第3学年）の「めあて」を「形を変えて、物の重さを調べてみよう」にしている授業を見かけることがあります。活動自体を「めあて」にしているケースです。

これだと、「答え（まとめ）」を表現することができなくなります。活動したことだから、子どもは「調べた」としか言いようがないからです。それでは「なにをどう学べてどうなったか」が抜け落ちます。

そもそも、子どもが「調べてみよう」と思うのは、対象に興味をもち、問題意識が高まり、「なにをどうすれば調べたことになるのか」といった見通しをもてたときです。つまり、解決すべき「問題」は別に存在しているはずなのです。

むずかしく考える必要はありません。「形を変えると、物の重さはどうなるのだろう？」とストレートに問い、それをそのまま（「問題」として）板書すればよいのです。そうすれば、「問題」に正対する「答え（まとめ）」（「形を変えても、物の重さは変わらない」）を子どもは表現することができます。

ただし、ここで気をつけておくべきことが一つあります。それは、主語と述語の位置関係です。

例を挙げましょう。

【問題A】物の重さは、形を変えるとどうなるか？

【答えa】物の重さは、形を変えても変わらない。
【問題B】形を変えると、物の重さはどうなるか?
【答えb】形を変えても、物の重さは変わらない。

［A―a］の組み合わせの問題と答えは、「物の重さは」という主語を前に置き、「形を変える」という条件をなかに位置づけています。一方、［B―b］の問題と答えの組み合わせは、「形を変える」という条件を前に置き、主語を答え（結論）の前に位置づけています。子どもたちは、主語と述語の位置が近い［B―b］の組み合わせのほうが「答えを書きやすい」と言います。

このように、主述を明確にして答えを記述できる表現力育成については、今後、さまざまな教科指導において重視する必要があります。その理由の一つに、国際学力調査（TIMSS）では、主語が書かれていない文章（答え）を不正解とみなすということが挙げられます。

日本語は、主語を省略しても相手に内容や意味・意図を伝えられる、ちょっと変わった言語です。むしろ、あえて省略することで、テンポを上げたり、相手に親近感を与えるなどの技法の一つともなっているわけですが、いつ・いかなるときにも省略できるわけではなく、一定の条件（話の流れや文脈が双方で共有されていることなど）が必要です。こうした阿吽の呼吸は国内限定で、諸外国では通用しないということです。

こうしたことから、問題解決的な学習を基盤とするには、その時間に子どもたちに意識させたい（主語が明確な）「問題」をしっかり板書し、その「問題」の表現に整合した「答え」を書く指導を行うことが必要なのです。

問われていることに正対して答えられるお膳立てをしておくことが、問題解決的な学習を行ううえで欠かせない要件になるということです。

変遷する「問い」

以前、海外の教育支援に協力したときのことです。依頼された仕事の一つに「発問の分類」がありました。発問を分類できる視点があれば、その国の教師が自分たちで開発できるようになるというのです。

ただ、私は発問を分類したことがなかったので、これまで自分が理科の学習指導案に書き込んでいた「問題」をすべて抜き出してみました。すると、どの「問題」も、「事実」「方法」「理由」のいずれかに分類できたのです。

●「事実」を問う（どうなる？）

例：「温めると、空気の体積はどうなるか？」

●「方法」を問う（どうする？）

例：「どうすれば、ろうそくの火を燃やしつづけられるか？」

●「理由」を問う（どうして？）

例：「どうして、形を変えても物の重さは変わらないのか？」

さらに問題を分類する作業を進めるうちに、あることに気づきました。それは、これら三つの「問題」のいずれかがきっかけとなり、子ども自らが「問い」を変遷させていたということです。

［事例］第5学年「電流がつくる磁力」の授業

単元導入部で電磁石をつくり、鉄製のクリップを引きつける活動を行ったところ、ある子が「先生、乾電池をもう1個ください」と言ってきました。

「どうして乾電池がほしいの？」と尋ねると、「乾電池を増やせば電磁石が強くなると思うから」と答えました。どうやら、電磁石をもっと強くしてたくさんのクリップをくっつけたいと考えたようです。

さらに詳しく聞いてみると、次のように言いました。

- 「電流の働き」（第４学年）のときに乾電池2個を直列につないだら電流が強くなった。
- 電流を強くしたらモーターが速く回った。
- だから、乾電池を増やせば電磁石も強くなると思う。

既習事項を根拠にした予想だったので、他の子どもたちも納得です。

すると、ほかの子が、「電磁石を強くする方法はもっとある」と言い出します。ここで生まれたのが、次に挙げる「方法」を問う「問い」でした。

【問い①】どうすれば、電磁石を強くすることができるか？（方法）

子どもたちからは、「コイルの巻き数を増やす」「コイルの導線を太くする（あるいは「細くする」）」「鉄心に巻くコイルの場所を変える」といった意見が出てきます。

この後、一つずつ実験しながら確かめていくことになるのですが、「コイルの巻き数を増やす」方法の効果を確かめる場面では、子どもの問いが「事実」を問う「問い」へと変遷していきました。

【問い②】コイルの巻き数を増やすと、電磁石の強さはどうなるか？（事実）

この場面では、コイルの巻き数を増やしたことで、子どもたちは電磁石が強くなる結果を得ます。すでに「電流を強くすると電磁石が強くなる」ことを確かめていた子どもは、「コイルの巻き数を増やせば電流も強くなるから電磁石も強くなる」と関係づけて考えます。ところが、実際に調べてみると電流は強くなりません。子どもたちは一様に驚

資料9

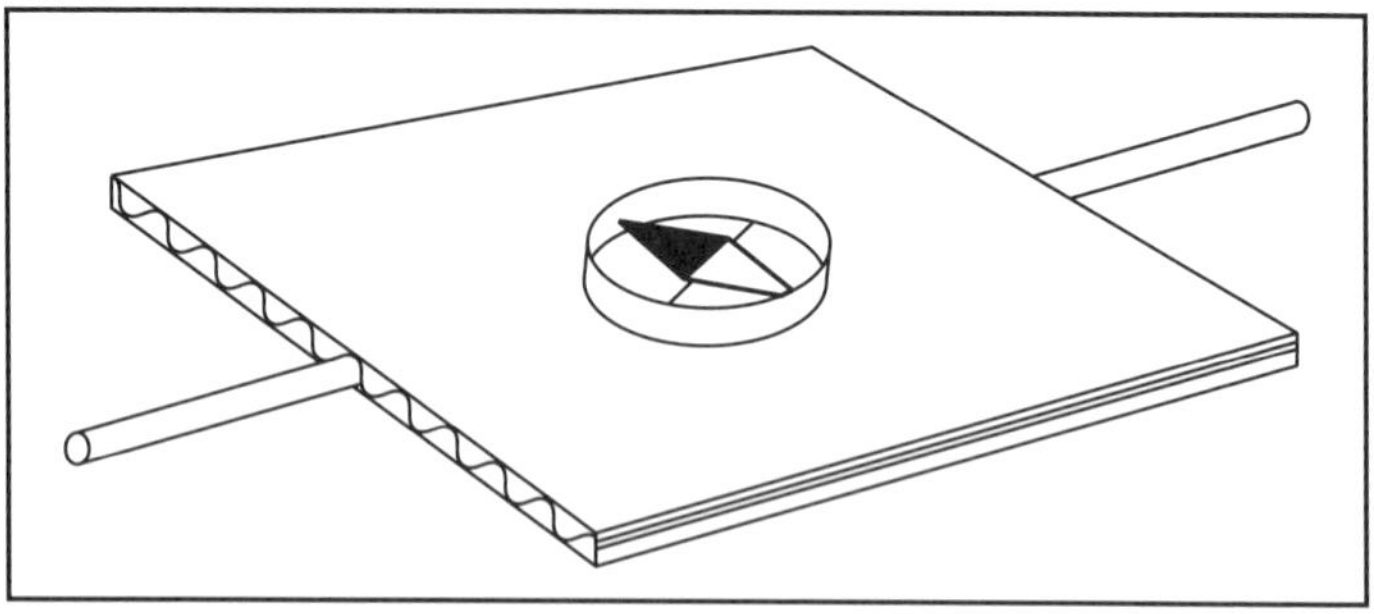

きの表情を浮かべます。

すると今度は、子どもの問いが「理由」を問う「問い」へと変遷していきました。

[問い③] どうして、電流が強くならないのに、コイルの巻き数を増やすと電磁石が強くなるのか?（理由）

この［問い③（理由）］に子どもたちが挑んでいくには、それに応えられる新たな学習の場を教師が用意しなければなりません。いわゆる発展的な学習です。

資料9は、段ボールの隙間に銅線を通し、そのうえに方位磁針を乗せた教材です（福島県：山口弘先生が考案）。

銅線に電流を流すと、方位磁針の針が動きます。その動きを子どもに観察させた後、段ボールのなかがどうなっているかを予想し、絵にかいてもらいます。

多くの子どもたちは、ぐるぐると導線が巻かれたコイルの絵をかくのですが、段ボールのなかをあけてみると、銅線がなにも手を加えられずに一本通っているだけです。

つまり、たった一本の導線でも電流を流せば小さな磁力が生まれる、さらにコイルをたくさん巻くことで、その小さな磁力をたくさん集めることができることを子どもたちは理解していけるのです。

初期のころは、子どもの「問い」の部分を教師が「発問」として投げかけ、問題意識を顕在化させることが必要です。そして、たとえ教師が発問しなくても、子ども自らが「問い」を変遷させていくことができるようにしたいものです。

実際、先に紹介した「事例」では、子どもが「方法」→「事実」→「理由」へと自分たちの問いを変遷させています。このときの子どもは文字どおり「主体的」であり、自然発生的に「対話」が生まれ、「深い学び」を生み出す問題解決の過程をたどっていきました。

このように「問い」が変遷する事実を意図的に生み出すには、子どもらしい自然な思考の流れ（「問い」がどのように移り変わるか）をイメージしながら授業展開や教材を考えることが必要なのです。

資料10　「問い」の変遷

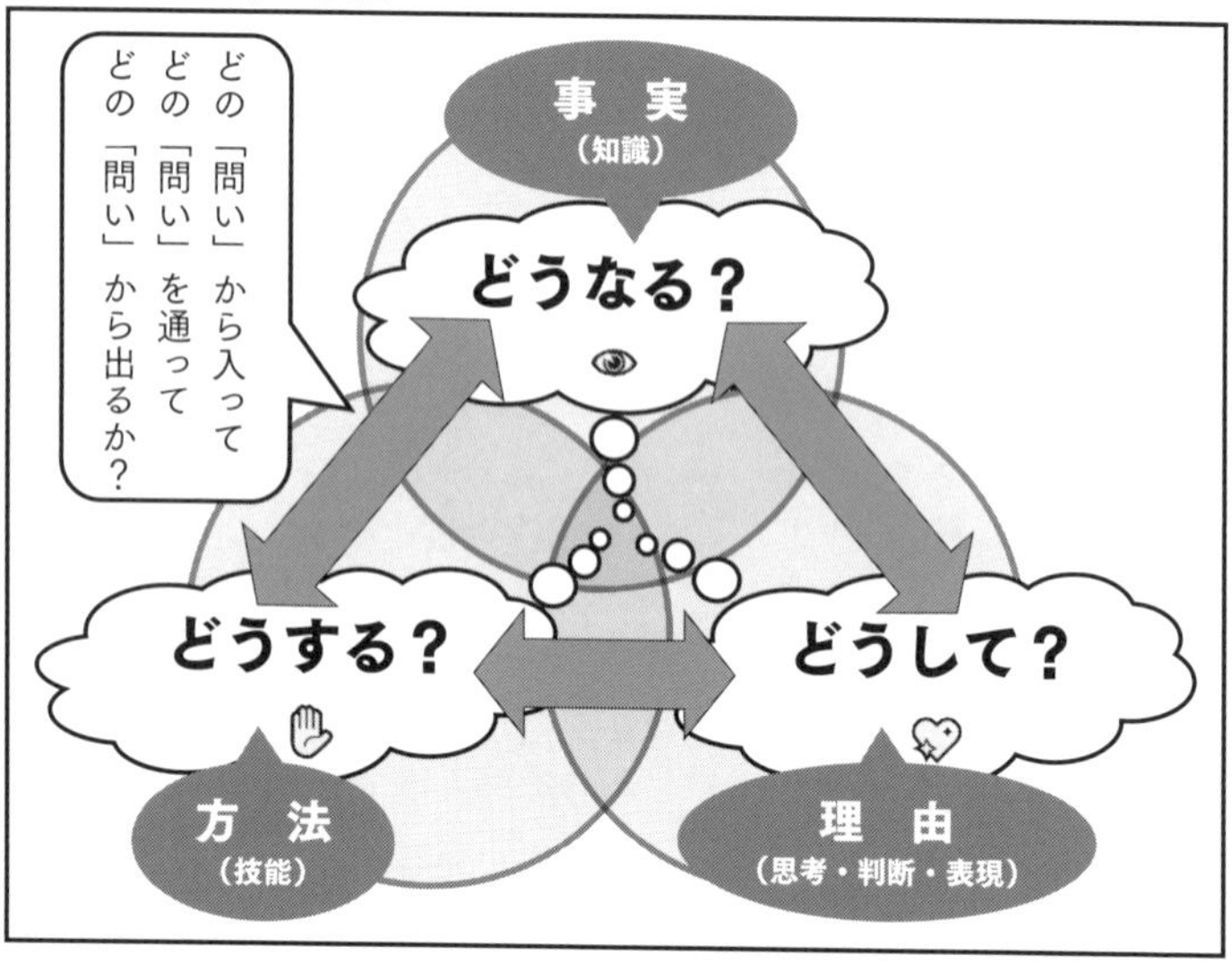

端的には言えば、次のとおりです（資料10）。

●子どもは、どの「問い」から入り、どの「問い」を通って、どの「問い」から出るか？

授業の終末部分（まとめ）では、どの子がどのようなことを「発言」し、それによってどのような「問い」が生まれ、その後どのように「学習」が進んでいったのかを、振り返りながら教師が価値づけていきます。

かつて私が参観した故・坪田耕三先生（本校ＯＢ）の算数授業（第１学年）が、まさにそうでした。

定型化された「めあて」もなければ、「ま

とめ」もない授業です。授業の最後では、板書された子どもの言葉と名前を取り上げながら子どもたちを褒め、本時の授業の流れを振り返っていきました。

子どもが主体的となって活動に取り組み、問題を解決できるようにすることは大切なことです。しかし、問題解決の過程を型どおりに進めれば、深い理解に届くわけではありません。子どもがどのように「問い」を変遷していくのかをつぶさに観察し、そこにはどのような子どもの思考があったのか想像をめぐらせることが本当に大切なんだと深く考えさせられた授業でした。

直接的に問う、間接的に問う

1　直接的に問う

（前述したことのおさらいとなりますが）昭和30年代、広岡亮蔵氏は〝問題解決学習は這い回る学習だ〟と批判して「系統学習が重要だ」と主張し、「課題解決学習」を提唱するに至ります。

その後、教師から投げかける問いを「課題」と称し、「課題」に基づいて子どもが主体的に受け止めた内省的な問いを「問題」と称するようになり、当時の教育現場では「子どもに習得させたい学習内容を疑問文の表現に変え、それを子どもに『課題』として投げかける」方法を取り入れるようになりました。

ところが、子どもに習得させたい「内容」を「課題」として教師が与えるがゆえに、ジレンマが生まれます。教師による「発問」が、子どもにとって主体的な問題となりにくかったからです。こうした反省から、子どもが学習する過程で教師が「課題」を見いだし、何段階かに分けて提示しようとしていたのですが、当時はあまりうまくいかなかったようです。

ただ、こうした手法自体は、現在の理科授業でも多く見られるものです。（前述した「どうすれば、電磁石を強くすることができるか？」などは、その典型です。

このような（「方法」を問う）「問い」であれば、「電流を強くしたりコイルの巻き数を増やしたりすれば、電磁石を強くすることができる」といった「最終的なまとめ（答え）」を容易に表現できます。つまり、「学習内容を疑問文の表現に変えて発問すること」自体がいいか悪いかと問うてみても意味はなく、「問い」と子どもの自然な「思考」とのマッチングが重要だということです。

2　間接的に問う

次に紹介するのは、故・有田和正先生（本校OB）が行った「バスの運転手」という授業（生活科が生まれる前の低学年社会科）です。

まず、広岡亮蔵氏が提唱した課題解決学習にならって子どもたちに問うとするならば、おそらくこんな発問になるのではないかと思います。

「バスの運転手さんは、どんなことに注意しながら運転しているでしょうか？」

それに対して有田先生は、次のように発問しました。

「バスの運転手さんは、どこを見ているでしょうか？」

これは「事実」を問う「問い」です。

子どもたちは、（前方を走る車や歩行者、信号といった）景色、ミラー、（スピードメーターなどの）計器類を次々と発表します。そのうちに、子どもたちの疑問は「理由」を探る「問い」（「どうして、運転手さんはそこを見ているのだろう？」）へと変遷していきます。

このような「問い」について考えたり発表したり、クラスメイトの考えを聞いたりしているうちに「運転手さんは乗客の安全に気をつけながら運転している」ことに気づいていきました。
この授業から私が学んだのは、「間接的に発問することで、子どもの内省的な『問い』を引き出せる」（指導の原理・原則）ということでした。当時の教育界では、〝間接性の原理〟や〝AさせたいならBと言え〟という表現で語られていたのを覚えています。
理科授業でもそうです。間接的に発問することはよくあります。ここでは、子どもたちに実験方法を考えさせたいときの発問を例にしてみましょう。

［直接的な発問］どのような実験をすればよいでしょうか？

［間接的な発問］これから実験をします。どんな実験道具をつかいたいですか？

［間接的な発問］であれば、子どもたちから次々と、自分がつかってみたいと思う道具が発表されるでしょう。そうするうちに、〝どうしてその道具が必要なの？〟といった「理由」を問う「問い」や、〝その道具でどうするの？〟といった「方法」を問う「問い」を頭に浮かべ、それっぽいことを言い出す子どもが現れます。
そのチャンスを見逃さずに、〝どうしてその道具が必要なのか〟〝その道具でなにをす

るのか〟〝どういう結果が得られるのか〟について発表させれば、観察や実験の具体的な方法に関する情報が、少しずつ子どもたちに共有されていくことになるのです。

第3章
いのちの授業

臓器移植を扱う「いのちの授業」との出合い

2020年2月、本校の「初等教育研修会」の保健部会に、私は参加しました。理由は、本校の齋藤久美養護教諭が行う「いのちの授業」（公開授業）に、ゲストティーチャーとして土井庄三郎先生が参加されると聞いたからでした。

土井先生は、小児循環器の専門医で、東京医科歯科大学教授であった当時から19年もの長きにわたって、本校の学校医として尽力くださった方です。

最初にことわっておきますが、「いのちの授業」は、臓器移植の必要性を子どもに理解させることを目的とした授業ではありません。「脳死・臓器移植」は題材の一つであり、脳死・臓器移植に対するさまざまな考え方や価値観に触れる活動を通して、小学生なりに自分の考えをもてるようにすることを目的としたものです。いわば〝正解のない〟問題解決的な学習とも言うべきものでした。

まず、「いのちの授業」の指導計画（齋藤養護教諭による提案）を紹介しておきたいと思います。

◆題材名
いのちの授業「Sちゃんや重い病気と闘っている子と私たち」
◆指導計画（総8時間）
【第1時】道徳科「命をかけて命を守る」
・人命を救う山岳警備隊
【第2時】総合学習「命について考えよう」
・重い心臓病と闘う少女「Sちゃん」と家族、医療関係者
【第3時】総合学習「命に向き合う」
・日本の心臓移植の実情
【第4時】道徳科「妹の手紙」
・星野富弘さんの生き方
【第5時】総合学習「Sちゃんのその後」
・しずくちゃんの闘病生活
・外国で心臓移植を受けた理由

【第6・7時】総合学習「日本臓器移植ネットワーク」
・日本臓器移植ネットワークの見学
【第8時】総合学習「病気と闘っている子と私たち」（本時）
・心臓移植の現状や問題を知ることの大切さ
・自分たちの健康や命の大切さ
・人への思いやりや支え合うことの大切さ

本時（第8時）では、第7時までに学習してきたことを振り返りながら、「いのちの授業」で学んだことを、実生活のなかでどのように生かしていくかについて子どもたちが話し合う授業でした。その途中、土井先生が医師の立場から、臓器移植についてのメッセージを投げかけたときの子どもの真剣なまなざしが、とても印象に残っています。

さて、授業が終わり、協議会での話し合いに参加していたときでした。私の脳裏に、次のインスピレーションが降りてきました。

〝「いのちの授業」を、「人の体のつくりと働き」（理科の単元、第6学年）で学ぶ〝生命を維持する働き〟と関連させれば、脳死・臓器移植に対する理解がもっと深まるのではないか〟

実を言うと、公開授業の数日前、齋藤養護教諭から次のように問われていたのです。

「小学校の理科では、脳の学習をしないのですか?」

この質問が、私にインスピレーションをもたらす時限式のトリガーになったのだと思います。

小学校の理科で学ぶ〝生命を維持する働き〟は、「消化」「呼吸」「循環」の3つで構成されています。その自律神経をコントロールする脳幹の働き、いわゆる中枢神経系の学習は中学校で学ぶことになります。つまり、小学校の理科では脳の働きについての学習内容は設定されていません。

しかし、発展的な学習として位置づければ、小学校の理科であっても学習する場を設けることができます。

「脳死」とはいかなる状態なのか、それが生命を維持することとどう関係しているのかを理解できるのであれば、「脳死・臓器移植」を教材とする学習を行う教育的価値は大きいと私は確信したのです。
加えて公開授業では、「生と死」について語る現役の医師の〝言葉の力〟を、大いに感じさせられるものがありました。イチロー選手（プロ野球選手）が現役時代、「言葉とは『なにを言うか』ではなく、『だれが言うか』に尽きる」と口にしたそうですが、まさにそれです。同じ言葉であっても、だれが口にするかによって、説得力やリアリティがまったくの別物になってしまうからです。

小学校の学習における「死」の取り扱い

とにもかくにも教材研究です。まず、「脳死・臓器移植」にかかわる書籍や雑誌、資料を読み漁り、自分自身が学ぶところからスタートしました。

［教材研究で使った書籍・雑誌］

●月刊『教育研究』（2020年2・11月号、初等教育研究会、齋藤久美の論稿）69頁
●立花隆著『脳死』（中央公論新社、1988年）

●立花隆著『脳死臨調批判』（中央公論新社、1994年）
●立花隆著『脳死再論』（中央公論新社、1988年）
●臓器移植法を問い直す市民ネットワーク著、山口研一郎監修『脳死・臓器移植Q&A50』（海鳴社、2011年）
●保岡啓子著『脳死・臓器移植と向き合うために』（晃洋書房、2019年）
●ニュートン別冊『死とは何か』（ニュートンプレス、2019年）

特に、立花隆氏（ジャーナリスト）の書籍には、日本がどのような紆余曲折を経て臓器移植法改正（2010年）に至ったのかを知るうえでたいへん貴重な情報を得ることができました（紆余曲折については後述。また、ご自身で教材研究をしてみたいと思われる方は日本臓器移植ネットワークのホームページ〔https://www.jotnw.or.jp/〕を参照。日本の「脳死・臓器移植」に関する情報はもちろんですが、授業で使える資料もアップされています）。

教材研究を行いながら感じた私自身の問題意識は、「脳死・臓器移植」についてはなんとなく知っているつもりでいたものの、実はまるでなにもわかっていなかったことにありました。これまで積極的に関心を向けようとしてはせず、主要メディアが報じる内容を聞きかじっていた程度だったわけです。

このような「知っているつもり」になっているのは、おそらく私だけではないでしょう。そこには、日本人に共通する無関心さにも理由があるようにも感じます。もしそうであるならば、その根本的な原因は、〝私たち教師が携わる教育にあるのではないか〟という考えが、私のなかにふつふつと芽生えてきたのです。

さて、私のアイディアを現実に実行するには、少々厄介なハードルを乗り越えなければなりません。それは授業において、どのように「死」を取り扱うかです。

学校教育においても（たとえば、理科や特活で行う飼育活動や食育など）「生」（の大切さ）について学ぶ機会はたくさんありますが、授業で直接的に「死」を扱うのは（どちらかというと、教師の心情的に）暗黙の禁忌ともいえるものです。

発展的学習として扱うにしても、周囲の了解を得られるだけの根拠が必要だと考えた私は、現行の小学校学習指導要領解説から関連づけられそうな記述を見つけることにしました（文科省が公開しているＰＤＦ版の解説書を片っ端から検索）。

私が見つけた記述は次のとおりです。

［総則編］（1件）

●いじめによる自殺などが社会的な問題となっている現在、児童が生きることを喜ぶとともに、生命に関する問題として老いや死などについて考え、他者と共に生命の尊さについて自覚を深めていくことは、特に重要な課題である。（139頁）

［生活編］（1件）

●飼育や栽培の過程では、新しい生命の誕生や突然の死や病気など、身をもって生命の尊さを感じる出来事に直面することもある。成長することのすばらしさや尊さ、死んだり枯れたり病気になったりしたときの悲しさやつらさ、恐ろしさは、児童の成長に必要な体験である。動植物との関わり方を真剣に振り返り、その生命を守っていた自分の存在に児童自らが気付く機会と捉えることが大切である。（46頁）

［理科編］（2件）

●植物や昆虫を大切に育てていたにもかかわらず枯れてしまったり、死んでしまったりするような体験をすることもあり、植物の栽培や昆虫の飼育などの意義を児童に振り返らせることにより、生物を愛護しようとする態度が育まれてくる。（18頁）

●植物の育ち方には、種子から発芽し子葉が出て、葉がしげり、花が咲き、果実がなって種子

ができた後に個体は枯死するという、一定の順序があることを捉えるようにする。（41頁）

［道徳科］（3件）

●家族や社会的な関わりの中での生命や、自然の中での生命、さらには、生死や生き方に関わる生命の尊厳など、発達の段階を考慮しながら計画的・発展的に指導し、様々な側面から生命の尊さについての考えを深めていくことが重要である。（64頁）

●〔第3学年及び第4学年〕この段階においては、現実性をもって死を理解できるようになる。そのため、特にこの時期に生命の尊さを感得できるように指導することが必要である。（65頁）

●〔第5学年及び第6学年〕この段階においては、個々の生命が互いを尊重し、つながりの中にあるすばらしさを考え、生命のかけがえのなさについて理解を深めるとともに、生死や生き方に関わる生命の尊厳など、生命に対する畏敬の念を育てることが大切である。（65頁）

●指導に当たっては、家族や仲間とのつながりの中で共に生きることのすばらしさ、生命の誕生から死に至るまでの過程、人間の誕生の喜びや死の重さ、限りある生命を懸命に生きることの尊さ、生きることの意義を追い求める高尚さ、生命を救い守り抜こうとする人間の姿の尊さなど、様々な側面から生命のかけがえのなさを自覚し生命を尊重する心情や態度を育むことができるようにすることが求められる。（65頁）

（傍点はいずれも筆者）

実際に調べてみて、小学校の学習で「死」を扱える機会は、想像していた以上にあることに気づきました（不思議なことに「総合的な学習の時間」では「死」という文言は見当たりませんでした）。加えて、一口に「いのちの授業」といっても、「脳死・臓器移植」の授業にとどまらず、さまざまな切り口が考えられることもわかりました。

道徳の授業から得た授業づくりのヒント——切手のない手紙

まずどのような切り口から進めていったらよいだろうと考えていたところ、思い出したのが第1章の冒頭で紹介した山田誠教諭の道徳科授業でした。切手を貼り忘れた手紙の不足料金の支払いをめぐって子どもの視点を転換させた授業です（6頁参照）。

自分が代わりに料金を払ったのであれば、友達にそのことを「言わない」、自分が切手を貼り忘れて友達が代わりに料金を払ってくれたのであれば「言ってほしい」という自己矛盾を生じさせることで深く子どもに考えさせる授業だったわけですが、注目すべきは、どの子も、どのように考えても、唯一の正解にたどり着けないという点です。

（第1章で詳しく触れましたが）私たちが生きるこの世界には、正解のない問題が山積しています。安楽死、死刑制度、原子力発電、ゲノム編集等の是非等、枚挙に暇がありません。今後、社会情勢が複雑化の一途をたどるのであれば、私たちに突きつけられる問題は、さらに難易度を増すことでしょう。

このような混迷が予想される社会情勢のなかで、未来を担う子どもたちは生きていかなければなりません。そのためには、不毛な対立構造をつくることなく粘り強く対話し、他者にも視点を転換しながら自分なりの「納得解」を得ること、そして他者がなんと言おうと、最終的には自分がよいと思った道を勇気をもって決め、実際に行動に移すことが、これまで以上に必要となるでしょう。学習指導要領が示す文言とは言葉こそ違え、これこそが育成を目指すべき資質・能力なのではないかと思えるくらいです。

さて、「脳死・臓器移植」もまた、正解のない問題の一つです。

脳死に伴う臓器の提供と移植には、次に挙げる4つの権利が尊重されなければならないとされています。

●臓器を提供する権利（あげたい）

●臓器を提供しない権利（あげたくない）
●臓器の提供を受ける権利（もらいたい）
●臓器の提供を受けない権利（もらいたくない）

いずれの権利をどう行使するかに正解はありません。さまざまな価値観に触れ、視点を転換しながら他者と共に考え、共通了解可能性を見いだそうとする学習を行えれば、子どもたちの将来につながる気づきや態度が生まれるはずです。そう考えて、「脳死・臓器移植」を教材化することにした（教育的価値があると考えた）のです。

理科「いのちの授業」づくり

私はまず、齋藤養護教諭が提案した授業に緩やかにつなげるための理科授業づくりからはじめることにして、二つの仮説を設定しました。

［仮説1］「人が死ぬとはどういうことか？」を学習内容に加えることで、生命を維持する仕組

みに対する多面的な理解が促されるのではないか。

「人の体のつくりと働き」（第6学年）の学習では、「体のつくりと呼吸、消化、排出及び循環の働きに着目して、生命を維持する働きを多面的に調べる活動」（文科省「小学校学習指導要領解説 理科編」84頁、傍線は筆者）を行います。

「生命を維持する働き」が失われれば、人は「死ぬ」ことになるわけですが、「死」は通常、医師が行う三徴候（呼吸停止、心拍停止、瞳孔散大）によって判定されます。裏を返せば、呼吸と循環、神経系の反射が機能していることが、生きていることの証だと言えます。

【仮説2】「人の体のつくりと働き」（第6学年）の学習に脳の学習を加えることで、「脳死・臓器移植」に対する多面的な理解が促されるのではないか。

このように、理科学習で「死」について扱うことによって、「生命を維持する働き」の重要さを、子どもたちはより多面的に理解できるようになるのではないかと考えました。

ここで目を向けたいのが、心拍が停止していないにもかかわらず、「死」だと判定されるケースです。それが、臓器移植法に基づく「脳死」です（呼吸については、人工呼吸器によって維持されている状態です）。

中学校に目を向けると、「㋑刺激と反応」（中学校第2分野）で、感覚器官、神経系及び運動器官のつくりと関連づける学習を行います。外界からの刺激が、視覚・聴覚・触覚・嗅覚・味覚といった感覚器官を通して脳に伝えられることで、人や動物が反応するという基本的な仕組みと働きについて学ぶ学習です（ちなみにこの学習は、平成元年告示の学習指導要領においては、第3学年に扱う内容として設定されていました）。

脳の機能が不可逆的に失われ「脳死」に至れば、生命を維持する身体の仕組みもまた失われ、三徴候が必ず訪れることになります。こうしたことから、（さまざまな検査をした後ですが）人の死とみなして判定するわけです。

しかし、話はそう単純ではありません。改正臓器移植法（2010年）が日本で施行された後も、臓器移植に対する考え方はさまざまです。特に、ドナー（臓器提供者）側とレシピエント（移植希望者）側では、「脳死」を人の死とみなすか否かについて、その解釈に大きな隔たりがあり、いまも議論がつづいています。

私自身は、「脳死者」に出会ったことないので想像の域を出ないのですが、もしも身内が「脳死」と判定されたとして、それを「死」だと受け入れられるか、正直なところ自信がありません。なにしろ、（延命措置がとられているとはいえ、まだ）心拍や呼吸、体温もあるのですから。

それに対して、臓器移植を待つ患者（レシピエント）に視点を転換するとどうでしょう。1日も早く自分に必要な臓器を提供してほしいと考えているに違いありません。その家族も同様でしょう。他者の「死」が自分（または身内）の「生」をつなぐことに（なにかしら思うところはあるでしょうが）肯定的な考えをもっているはずです。

ここに葛藤場面があり、苫野一徳氏が言う「共通了解可能性」を見いだそうとする態度を育成するチャンスです（14頁参照）。

ただし、理科の授業を行うだけでは期待する教育効果を得ることはできません。ここに、教科等横断的な指導を導入できる可能性があります。

そこで、総合学習（保健教育）に加え、道徳科とも連携させる実践をつくっていくことにしました。

＊

資料1　指導計画

時	教科等	主題と主な学習内容	指導者
1～10	理科 ①②③	「人の体のしくみと働き」７時間 「人の死の条件」３時間 ①生命を維持する働きと脳 ②「三徴候」による死の判断 ③「脳死」による死の判断	理　科 専科教諭 医　師
11～15	総合学習 ①	「Ｓちゃんと私たち」 心臓病の少女「Ｓちゃん」の事例を通して、病気と闘っている子や家族、医療関係者について知る。	養護教諭 担　任
	総合学習 ②	「Ｓちゃんの闘病」 ～どうしてアメリカで移植手術を受けたのか～ アメリカでの闘病、心臓移植の大変さ、本人や家族の思いを知り、日本で心臓移植が少ない理由を考えたり友人や家族と話し合ったりする。	養護教諭 医　師
	総合学習 ③	「心臓移植のドナーの家族の思い」 友人や家族と話し合い、様々な考え方に触れる。	養護教諭
	総合学習 ④	「日本の臓器移植の現状」 JOTのHPを活用して調べ、ワークシートにまとめる。	担　任 養護教諭
	総合学習 ⑤	「いのちを大切に」 学習してきたことを生かし、自分たちが今後どう生活していったらよいか考え、表現する。	養護教諭
16～17	道徳科 ① ②	「脳死・臓器移植をどう考えるか」 これまでの学習を振り返り、自分なりの納得解をもつ。 ・自分がドナーになったとき、家族がドナーになったとき ・自分がレシピエントになったとき、家族がレシピエントになったとき	道徳科 専科教諭

ここから「『いのちの授業』～脳死・臓器移植を考える」カリキュラム（理科、総合学習〈保健教育〉、道徳科との横断的連携）を紹介します（**資料1**参照、作成：齋藤久美養護教諭）。

授業者については以下のとおりです。

第1・2次の理科は、佐々木（筆者）が授業します。

第3次の総合学習（保健教育）について

は、齋藤久美養護教諭が授業します。

第3次の道徳については道徳科の加藤宣行教諭が授業します。加えて、小児循環器の医師をゲストティーチャーとして招聘し、医師の視点から授業に参加してもらいます。

理科「いのちの授業」の実際——授業者：佐々木昭弘（筆者）

第1次では、「人の体のしくみと働き」（全7時間）について学習します。これは、小学校学習指導要領が示す内容理解を目指す通常どおりの実践であるため、本書では割愛します。

では、第2次の理科授業の概要を紹介していきましょう。

1　人と動物の似ているところ

「これから幼生の絵をモニターに映します。幼生とは生まれる前の小さい赤ちゃんのことです。卵で生まれる動物は、卵からかえる前の赤ちゃんで、そのままの姿で生まれる

資料2―1　5種類の動物の幼生

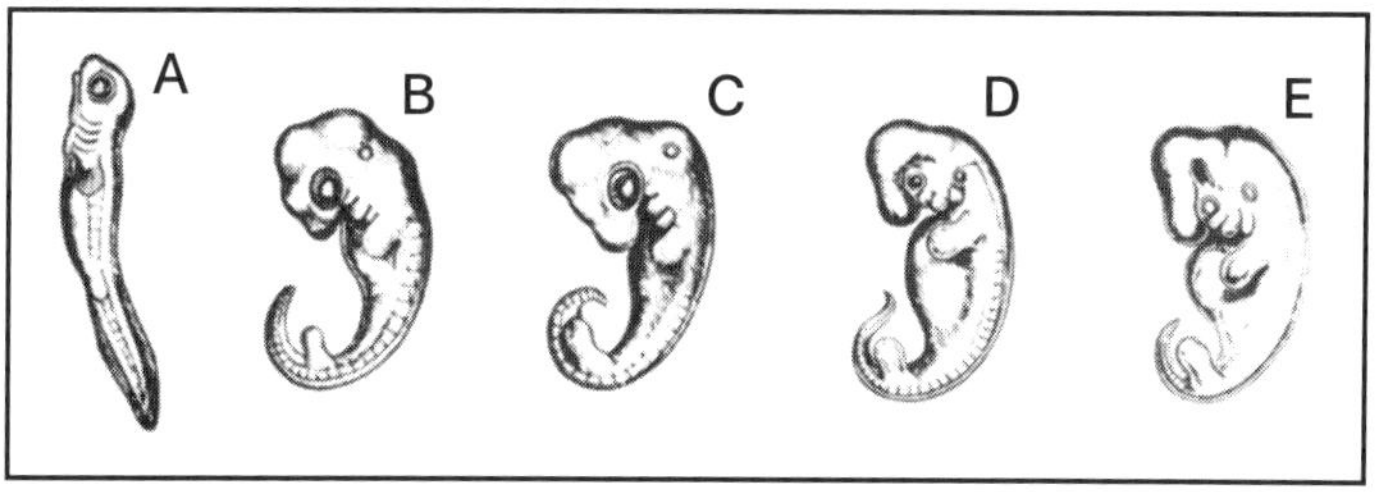

資料2―2

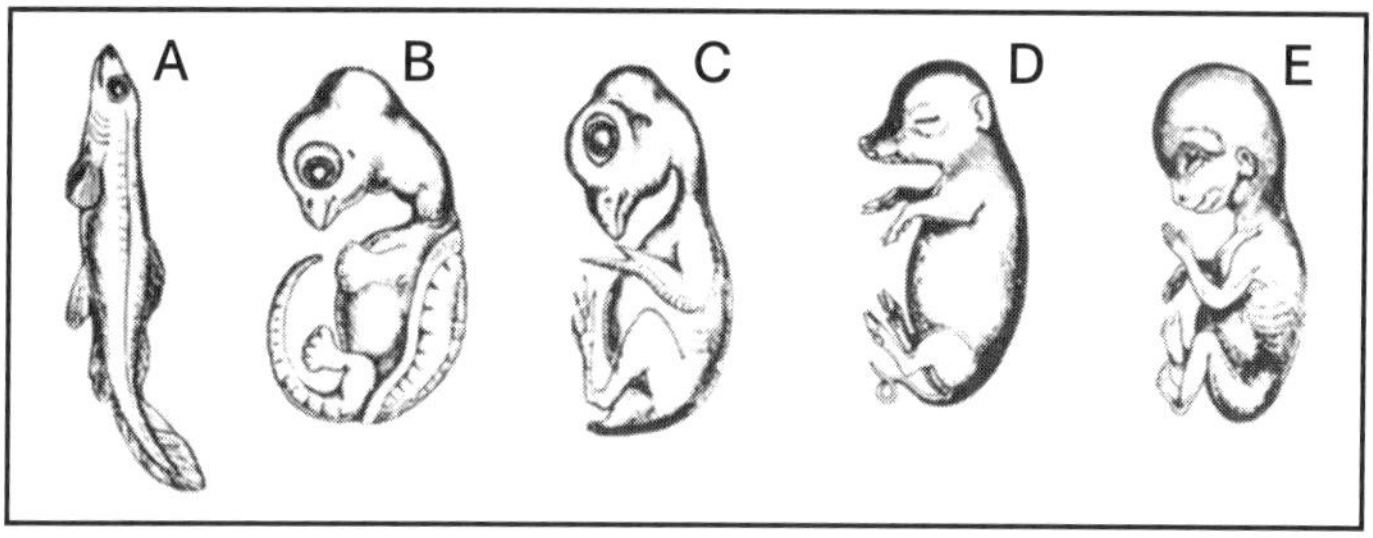

動物は、母親から出産する前の赤ちゃんです」

5種類（A～E）の動物の幼生をモニターに提示し（資料2―1）、次のように発問します。

「どれがヒトの幼生でしょうか？」

ここでは、子どもたちの勘を頼りに選んでもらいます。

ヒトだと思う幼生に手を挙げてもらったら、すぐに正解を伝えます（資料2―2）。正解できた子どもも間違った子どもも笑います。ここまでは単なるクイズです。

「では、時間をさらに遡って、それぞれの幼生の姿を見てみましょう」

そう言って新たな幼生の絵を提示しま

資料２—３

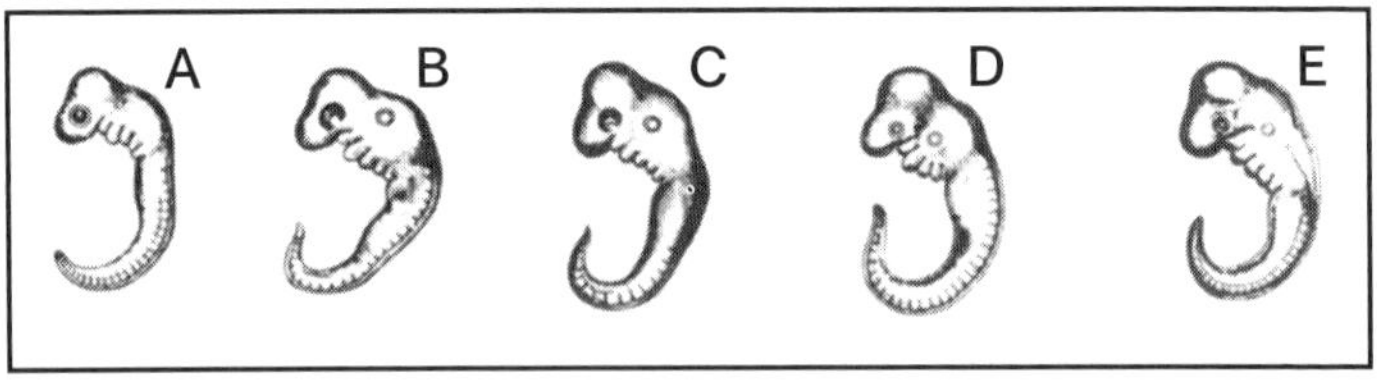

す（**資料２—３**）。すると、次のようなつぶやきが生まれます。

「え⁉　どれもそっくりだ」

「どうしてこんなに似ているの？」

子どもたちの問題意識が高まったところで、次のように説明します。

「どれも種類の違う生物の幼生です。それなのに、遡れば遡るほど区別がつかなくなるほど似てくるのは、ご先祖様が同じだからなのだそうです」

進化の過程を示す樹形図を示しながら、すべての生物が一種類の生物から進化し、枝分かれを繰り返しながら現在の多種多様な生物へとつながっていることを解説します。

そして、次の発問です。

【発問１】ご先祖様が同じだということは、この５種類の動物の見た目の姿は違っていても、似ているところがたくさんあるということです。どんな似ているところがあるでしょうか？

資料3　子どもが書き込んだマッピングの様子

子どもの何人かが挙手しますが、3名に絞って指名します。

たとえば、次のような「似ているところ」が発表されます。

- ●成長して大きくなる。
- ●子どもや卵を産む。
- ●心臓で血液を全身に送る。

この後は、右の情報をヒントに、似ているところを書かせていきます。ノートにマッピングしてもよいし、箇条書きでもかまいません。

教師は、意図的指名をしながら子どもがノートに書いた情報を黒板にマッピングさせていきます（**資料3**）。他の子どもは、黒板のマップに書き込まれた情報を取捨選択しながら、自分のノートに記録していきます。また、まだ黒板にマッピングされていない情報があれば、さらに加筆してもらいます。
子どもたちからは、次々と「似ているところ」が黒板に書き込まれていきました。

・口、目、鼻、耳、手足がある　・動く・眠る
・毛が生えている　・皮膚がある　・体温がある
・温度が必要　・日光が必要　・食べる（消化管）
・呼吸する（肺）　・心臓がある（血管や血液）
・骨がある　・子孫を残す　・オスとメスがある
・植物とも似ている　・必ず死ぬ　等々

ここで、次の発問です。

［発問2］もしも、その動物が死んでしまったら、これらの「似ているところ」のどれが失われてしまいますか？

ノートに記録した「似ているところ」のうち、失われる箇所（情報）にバツ印を、自分が板書にマッピングした箇所（情報）にもバツ印をつけてもらいます。

すると、「似ているところ」のほぼすべてが失われてしまうことに気づきます。つまり、「似ているところ」というのは、「生命を維持する働き」そのものであるということです。

とはいうものの、医師が人の死を判定するといった場合、これらすべてを確認することができるわけではありません。

では、医師はどのような基準をもとにして人の死を判定しているのでしょうか。

2　人の死の判定基準（その1・死の三徴候）

ここで、次の［問題］が設定されます。

［問題］ どうなれば、人は「死んだ」と判定されるのか？

［問題］を提示した直後、次のつぶやきが生まれます。

「呼吸が止まったら」

「心臓が止まったら」

ここで映像資料を視聴します。映像は人が病院で亡くなる場面で、映画のワンシーンです。医師がどのようなことをして死を判定しているのかを子どもに探してもらいます。

子どもたちが見つけたのは以下の３つです。

●心電図計のモニターで、心臓が動いているかを確かめた。
●聴診器を当てて、心臓や呼吸の音を確かめた。
●ペンライトで目に光を当てた。

ここで、ゲストティーチャーである土井庄三郎医師に、教師がインタビューする形（資料4）で「死の三徴候」について解説してもらいます（「死の三徴候」は一般的に、呼吸停止、心拍停止、脳停止の評価として瞳孔散大という三徴候を医師が確認し、いずれも該当する場合は死亡と宣告されるといった解説です。日本臓器移植ネットワークＨＰ〈https://www.jotnw.or.jp/〉）。

資料4　ゲストティーチャーにインタビューする形で解説してもらう様子

3　人の死の判定基準（その2・脳死）

前時に学んだ「死の三徴候」について子どもと振り返った後、次の発問をします。

【発問1】呼吸をしていても、心拍があっても、人が「死んだ」と判定されることがあります。それはどのようなときでしょうか？

子どもから「脳死？」という言葉が出てきます（これまで行ったほとんどの授業でそうでした）。主要メディアなどでもときおり、アメリカなどに渡航して臓器移植を受けた人がいることを報道することがあるので、そうしたニュースを耳にしたことがあるのでしょう。

ここでは、約15分ほどの「映像ライブラリー」（「臓器移植解説映像～日本の移植事情〈https://www.jotnw.or.jp/learn/library/gallery/〉）を視聴します。ほかにも、医師や日本臓器移植ネットワークを通じて講師を招聘し、子どもの質問に答えてもらうこともあります。

ここで押さえるべきポイントは、次の点です。

［ポイント］日本では、臓器が移植される可能性があるときにのみ判定が行われ、「脳死」が人の死だと判断される。

4　4つの権利

臓器の提供と移植に関する4つの権利については前述のとおりであり（186頁参照）、どのような選択したとしても、だれかから批判される事柄ではありません。

また、自分がどのような立場に立つかによって、権利に対する受け止め方が変わるのではないでしょうか。私自身もそうです。

そこで、授業者である私の正直な気持ちを子どもに話すことにしました。

私には一人娘がいます。

もしも、娘が脳死として判定された場合、臓器移植を認めることができるか自信がありません。「あげたくない」と思うかもしれません。しかし、脳死になったのが自分であったとしたら、「あげたい」という気持ちがあります。

もしも、娘が病気で臓器移植を受けなければ命が助からないとなったら、私は娘のために臓器を「もらいたい」と思うはずです。また、自分が病気になったときも「もらいたい」と思うような気がします。

この話をした後、いまの自分はどう思うかについて、グループと全体で自由に話し合いました。話し合いをした後、次のように伝えて授業を終えました。

「みなさんが今日、口にしたり考えたことは、いつでも変えてよいものです。これから取り組んでいく学習のなかでもそうですし、学習が終わった後でもそうです」

＊

ここからは、総合学習（保健教育）の授業へとバトンをわたします。

寄稿してくれたのは齋藤久美養護教諭です。

総合学習（保健教育）「いのちの授業」の実際
―授業者：齋藤久美、内田敬子（小児循環器医）

これまで養護教諭として執務するなかで、子どもたちに自他の健康やいのちを大切にする態度を育みたいと常に考え、さまざまな保健教育に取り組んできました。そのようななか、前学校医であった土井庄三郎先生（小児循環器医）からこんなお話を聞きました。

日本の小児の心臓移植件数は、欧米に比べて非常に少なく、危険を冒してまでも海外渡航移植を受ける子が多い。その背景には、日本と欧米の脳死についての考えや臓器提供の意思表示のルールの違いなどがあると考えられています。

改正臓器移植法（２０１０年）によって、15歳未満の子どもの脳死でも臓器提供が可能となったわけですが、いまも認知されていない状態がつづいているんです。

この話を聞いた私は、〝もし本校の子どもたちにこの問題を投げかけたら、どう反応するだろうか〟と疑問が湧きました。そして、次のように考えるようになったのです。〝未来の社会を支える子どもたちにこの問題を自分事ととらえさせ、自他の健康や命に関する問題に正面から向き合い、自分がどう生きるかについても一緒に考えることで、いじめや自殺企図などといった心身の健康問題の防止につながるのではないか〟と。

こうした思いから手がけたのが総合活動の実践です。このうち、ここでは1時間目、2時間目の様子を紹介します。

1　総合活動（その1）「Sちゃんとわたしたち」

(1)　Sちゃんの経過を紹介

Sちゃんとは、次のようなお子さんです。

- 2010年生まれの実在する女の子で、心臓の重い病気を患っている。
- 心臓の筋肉が働かなくなった状態で、不整脈を起こして突然死する可能性がある。

授業の冒頭では、資料（母親の闘病日記を抜粋）を掲示し、日本臓器移植ネットワークに登録するまでの病状を紹介しました。

命がけで病気と闘っている自分たちと同年代の子がいることや、病気が重くなり、自分の心臓を治すことは不可能で、だれかの心臓を移植してもらうしか助かる方法がないことに気づかせるようにしました。

そのうえで、「心臓の病気といっても、軽いものであれば定期的に検査を受けて様子を見ればよいものや、手術などで治療できるものもあること」を伝えました。これは、本人や家族に心臓病既往者がいるかもしれないことを想定した配慮です。

(2) Sちゃんや家族、医療従事者などの気持ちを考え、話し合う

次に、Sちゃんの周囲にいる人たちを図（資料5）に示し、次のように発問しました。

【発問1】 Sちゃんや家族、治療を支えている医師などの医療従事者、友達や先生などは、どんな気持ちでしょうか？

この発問は、Sちゃん本人や家族、学校の友達などの心情を想像させることに加え、

医師や看護師、救急隊、日本臓器移植ネットワークなど医療従事者の思いや葛藤について考えさせることが目的です。

子どもたちからは、こんな発言がありました。

「Sちゃんは治るかどうか不安で、恐怖を感じている。少しでも早く治したい。でも、夢や希望をあきらめずに、生きようとしているし、支えてくれている人に感謝している」

資料5　Sちゃんの周囲にいる人達

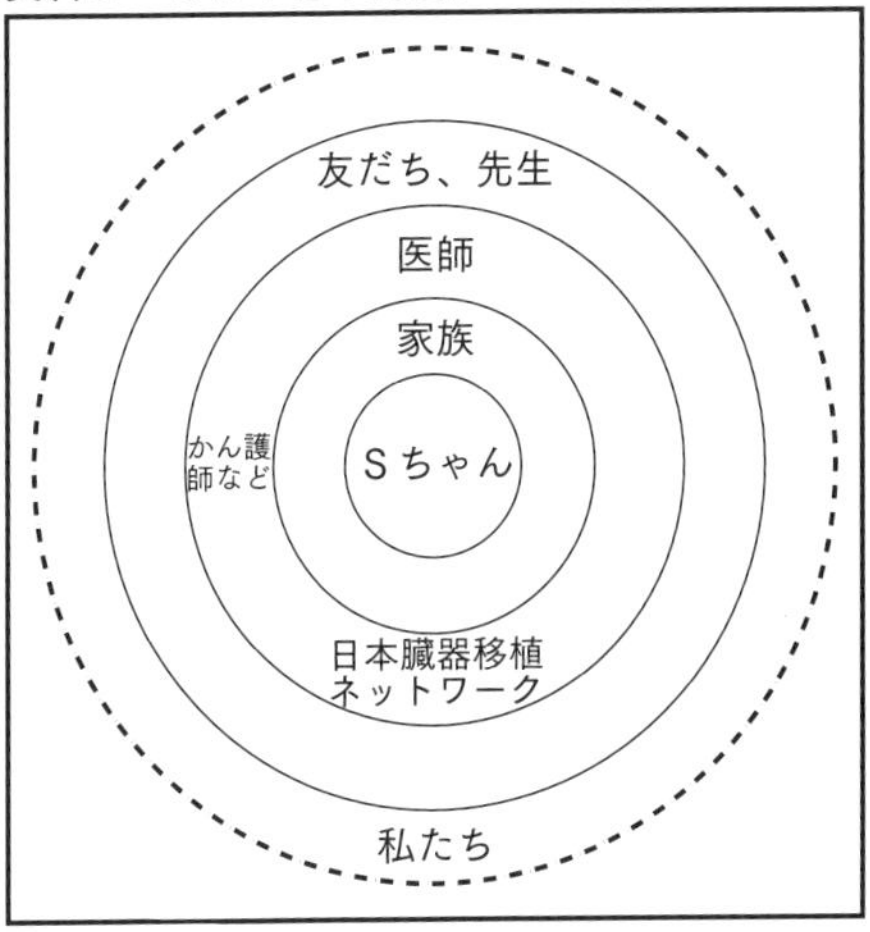

「医療従事者は、なんとか治してあげて、元気な姿に戻したい、早くドナーが見つかってほしいと思っている。Sちゃんにできることはすべてやったが、すぐに治してあげられず、つらい気持ち。友達・先生などは、早く病気を治して一緒に遊んだり、勉強したりしたいと思っている。応援している。会いたい」
「家族は、自分たちにできることを探しているが、なにもできない現実がある」
「家族は、早く移植を受け、普通の生活を送ら

資料6　授業の様子と板書

せてあげたいと思っている」

(3)　事例を知った自分たちの思いを話し合う

次の発問を行い、子どもたちの話し合いを促しました。

【発問2】Sちゃんのことを知って、みなさんはどう思いますか？

子どもからは、Sちゃんの回復を願う意見や、自分たちが健康に毎日を過ごせていることへの感謝の気持ちを表す意見が出されました。

「Sちゃんは当たり前の生活ができていない。移植が成功して、当たり前の生活をしてほしい」

「直接会えなくても、インターネットなどで詳しく知り、サポートすることが大切」

「自分たちが普通に生活できていることは幸せ」

他方、こんな意見も出されます。

「臓器移植を受ける立場なら受けたいが、ドナーになるのは気が進まない」

2　総合活動（その2）「Sちゃんの闘病～どうしてアメリカで移植手術を受けたのか」

―ゲストティーチャー：内田敬子先生（小児循環器医）

本時で子どもに考えさせたかったのは、次の事柄です。

「日本は高い医療技術をもち、必要な機器も揃っているはずなのに、身体的な危険を冒してまで海外渡航し、心臓移植手術を受けなければならない子が多い」

実際、日本では臓器提供数が他国に比べて少なく、移植を希望する人のうち、1年間で移植を受けられるのはわずか3％ほどにすぎません。その背景には、臓器提供のルールの違いや、死を話題にすることに対する抵抗感があり、生前に臓器提供の意思決定を表明することがむずかしいといったことが考えられています。

そこで学習活動では、アメリカに渡航して移植手術を受けることによるSちゃんの身体的負担や経済的負担を知らせた後、「なぜ、そのような負担を背負ってまで、海外渡航移植を受けなければならなかったのか」について予想させました。

(1)　前時の感想を共有する

ここでは意図的氏名により、数人に前時の感想を発表させ、共有しました。

(2)　闘病日記から、アメリカへの渡航や闘病生活の苦労について知る

Sちゃんのお母さんの闘病日記をもとに渡航して心臓移植を受け、帰国するまでの壮絶な闘病生活を振り返ることで、その苦労に気づかせました。

加えて、アメリカに渡航すること自体、身体的な負担が大きく、莫大な費用もかかることにも気づかせるようにしました。

(3)　どうしてアメリカで心臓移植を受けたのかについて話し合う

ここでは、次の発問をしています。

［発問1］なぜ、Sちゃんは、たいへんなリスクを背負ってまで、アメリカで心臓移植手術を受

けたのでしょうか？

各自で考える時間を取って発言を促すと、子どもからは多くの意見が出されました。

- 日本はドナーが少なく、移植が進んでいないのではないか。
- アメリカでドナーが見つかったから渡航したのではないか。
- 日本は医療機器が揃っていないのではないか。
- 日本よりアメリカのほうが、医療技術が進んでいるのではないか。
- 日本は臓器提供のルールが厳しいのではないか。
- 日本人は脳死での移植に消極的なのではないか。

「ドナーが日本より多い」「医療技術が日本より進んでいる」といった予想は、当然出るだろうと思っていましたが、「臓器提供のルールが違う」「日本人は脳死での移植に消極的」など、問題の背景を見通すような予想も出され、子どもの思考の深さを感じました。

(4) ゲストティーチャーの内田先生にコメントしてもらう

内田先生には、子どもの予想について、次のようにコメントしてもらいました。

- 日本ではドナーが少ないのは事実である。
- 日本には、移植手術に必要な医療機器はすべて揃っている。
- Sちゃんは、ドナーが見つかっていない状況で渡航し、順番を待った。
- 日本の医療技術は進んでおり、移植手術後の生存率が高い。
- 日本では、ドナーとレシピエント双方が納得して移植を受けられるようにするため、臓器提供のルールが厳密に決められている。
- 日本人は、脳死は死だととらえにくいのではないか。

その後、海外の国々と比較した日本の臓器移植を巡る状況について、様々な資料（データ等）を交えながら話してもらいました**（資料7）**。

このとき、内田先生が話をしてくれた主なテーマは次のとおりです。

資料７　内田先生が話をしている様子

●日本で臓器移植を希望する人と受けられた人の割合

●日本とアメリカの心臓移植の件数（子ども）

●世界と日本の臓器提供数の違い

●臓器提供の制度（OPTIMG IN, OPITING OUT）

●日本の臓器移植の４つの権利

(5)　臓器移植のドナーについての投書をもとに話し合う

ドナー家族や移植に反対する人の投書を読み、ドナーの家族の苦悩や、家族をドナーにしたくないという思いについて考えました。また、ドナーがいてはじめて、移植が行われることに気づかせるようにしました。

さらに、１時間目に書いた図に、レシピエ

資料8

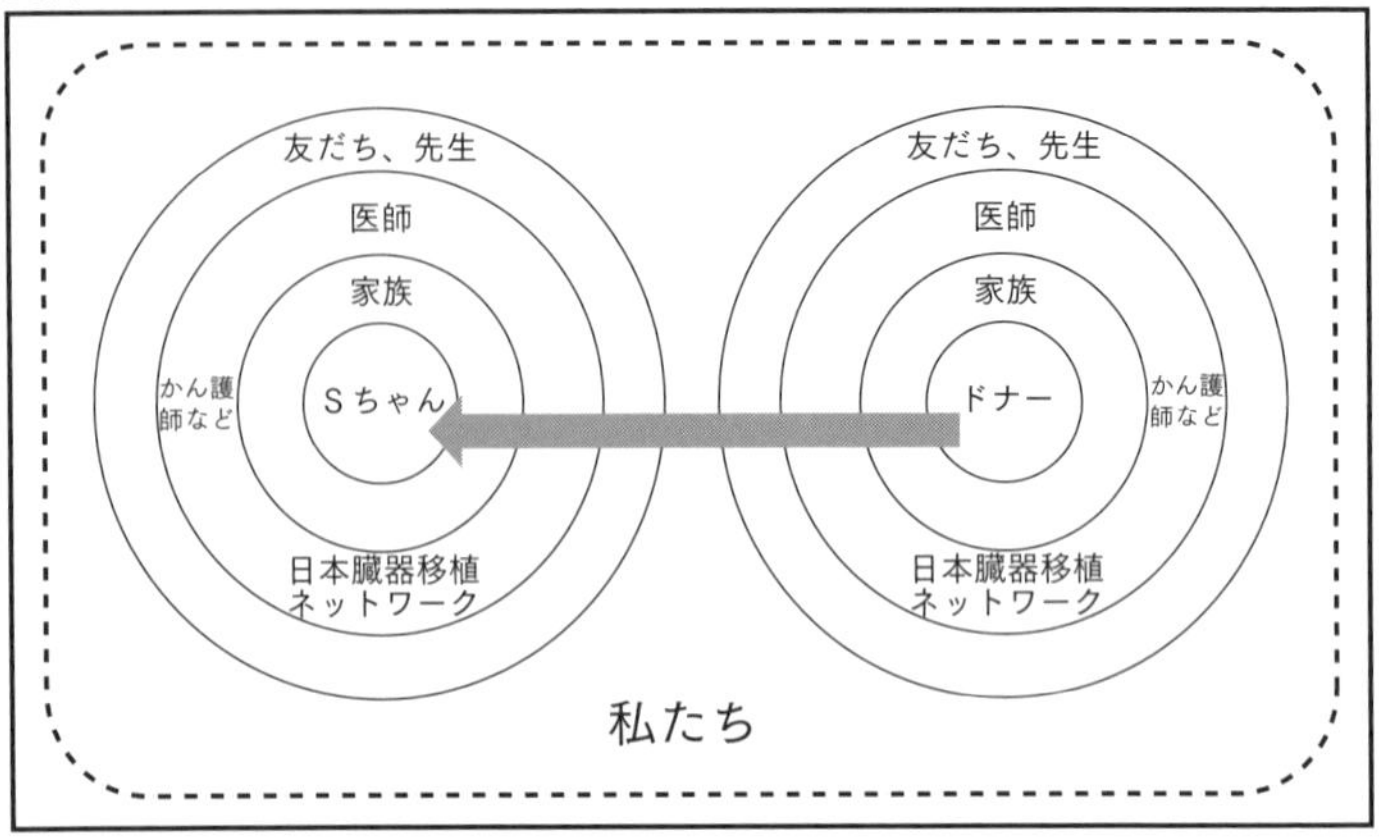

ント・ドナーとその家族や医療従事者、友達などの図（**資料8**）をつけ加え、自分たちとの関係を考えさせるようにしました。

これは、レシピエントやドナーも、自分たちも同じ社会に存在し、社会全体が臓器移植について認識を深めなければ、ドナー不足の問題は解決しないことに気づかせたいという願いからでした。

(6) 学習のまとめやさらに知りたいことをまとめ、調べ学習につなげる

学習のまとめを発表させ、ドナーとレシピエントについては、さらに学習をつづけることを伝えました。

3　授業を終えて

1時間目、2時間目の考察をもとに、子どもの考えの変容を追いました。次に挙げるのは、Aさんのノートの記述（抜粋）です。

《1時間目》もしかしたらSちゃんと僕の立場は逆だったかもしれない。そう思うと胸が痛いし、Sちゃんは本当に強い子だと思う。大人になったら、Sちゃんのような人を救えるようになりたい。そのために今から勉強をしていこうと思う。

《2時間目》ドナーの人がいるおかげで、人のいのちが救われる。一人の決断で、たくさんのいのちを救うことができる。「いのち」を大切にすることができる社会を自ら作っていきたい。そのために、今より深く、臓器提供について学んでいきたい。

1時間目の授業後では、Sちゃんの闘病の過酷さを知り、「いのちは大切」「支えたい」「励ましたい」などと書いている子が多い反面、なかには、客観的で、当事者からは距離のある思いを書いている子も少なからずいました。

それに対して2時間目の授業後では、脳死臓器移植に対する自分の意見をもち、「さらに学びたい」「考えたい」と書いている子が多くなりました。

4　授業後：調べ学習「いのちの新聞」づくり

日本臓器移植ネットワークのキッズサイト（HP）のワークシートを活用し、調べ学習を行うよう指導しました。

ワークシートは4面あり、子どもが臓器移植についての知識を深めたり、家族や友人などにインタビューしたりするコーナーを設け、最後に子どもが学習のまとめを記入できるようにしています。

資料9は、ワークシートの最終面「臓器移植について、家族・友人・知人はこう語った」の箇所で、子どもと家族等が交わした意見交換の様子です。

この子は、両親に対して「僕の臓器提供に賛成しますか？　反対しますか？」などと、直球の質問をぶつけています。それに対して両親のほうは、「あなたの臓器を提供したくない。でも移植は受けさせたい」「この機会によく考えたい」「臓器提供・移植に賛成だ」などと率直に答えています。

こうした意見を受け止め、「感想（臓器移植を調べて思ったこと・感じたこと）」のコーナーでは、自分なりのこだわりをもって、新たな課題を見いだしている姿が見て取れました。

このように子どもたちは、主体的に「いのちの授業」に参加し、家族などとの意見交換なども積極的に行い、深く考えていました。今後の生き方についての意見や決意も多く聞かれました。

資料9　授業後の家族等へのインタビュー

児童：僕の臓器提供に賛成しますか？　反対しますか？

父：結論から言うと反対です。理屈では十分理解するけど、心がうまく消化しないと考えます。子どもが死んだとしても、肉体は息子のものです。気持ちの整理がつきません。

児童：自分の臓器を別の人に提供しようと思いますか？

母：自分の臓器で誰かの命を救ったり、他の方の身体の中で生きていけると思うと、素晴らしいことだと思いますが、意識がないとしても臓器が摘出されることを実際に考えると怖さもあります。今回のことをきっかけにしっかり考えてみます。

思ったこと・感じたこと

今まで、臓器提供という言葉を聞いたことはあったが、正直あまりきちんと考えたことがなかった。というより、臓器を取り出すというイメージで少し怖く感じていたので、あえて考えないようにしていたところもあったのかもしれない。しかし、今回、実際に臓器提供をした人やされた人の話を聞いて、さけてはいけない問題だと思った。今、自分が臓器提供に対して本気で考えれば考えるほど複雑な気持ちだ。今回だけでなく、この先もしっかり考えていきたい。

臓器移植の問題は、大人が知恵を出し合っても解決することがむずかしい、正解のない問題です。小学生であればなおさらです。しかし、問題意識をもつことはできます。

いますぐに答えを見つけられない問題であっても、

自他の「いのち」について考えつづける態度を育む授業になっていれば、それでよいのだと思います。

今後も、他教科等の先生方や医療従事者等とのさらなる連携を深め、低学年からもできる「いのちの授業」づくりなども念頭に入れながら、継続的に学習活動を工夫していきたいと考えています。

＊

最後に、子どもからの質問に対し、多くの保護者が、文字どおり逃げずに答えてくださったことに感謝しています。この保護者を巻き込んだワークシート（調べ学習）は、子どもたちの考える輪を広げるツールとして、とても役立ったように思います。（齋藤久美）

日本の「脳死・臓器移植」の歴史的経緯

日本で臓器移植について語られるとき、その多くが「脳死・臓器移植」と〝脳死〟という言葉がセットになります。生体移植ではない場合の臓器移植が、心臓が停止した死後及び脳死患者から行われることに加え、日本の「脳死」判定が、「臓器提供」を行うことを前提として行われる死の判定だからです。

「いのちの授業」づくりに当たっては、臓器移植法が改正され、現在の姿に至るまでの経緯を、（前述したように）書籍や雑誌、Ｗｅｂサイトに当たって調べてみました。そこでここでは、自分なりに学んだことを紹介したいと思います。

１　和田心臓移植事件

日本の臓器移植は、１９５６年に行われた生体腎移植からはじまったのだそうです（１９６５年には、日本移植学会も設立されています）。

その後、日本で臓器移植が話題となるのは、１９６８年に実施された心臓移植です。執刀医は和田寿郎医師（札幌医科大学教授・当時）で、日本初の挑戦だったことから、主要メディアからも大々的に取り上げられました。私は当時８歳だったのですが、まさにセンセーショナルな出来事だったと記憶してます。

ただ、残念ながら移植を受けた患者は亡くなってしまいます。術後83日後のことでした。すると今度は手のひらを返したように、主要メディアは和田医師が行った移植手術に対して疑惑の目を向けはじめます。とくに問題視されたのは次の2点でした。

●ドナー（臓器の提供者）は水難事故で脳死になったとされていたが、実際には脳死でなかったのではないか。

●レシピエントは、心臓移植の必要がない患者だったのではないか。

その後、和田医師は「殺人罪」と「業務上過失致死罪」「死体損壊罪」の容疑で刑事告訴されます。この事件は「和田心臓移植事件」と呼ばれました。

結局、和田医師は嫌疑不十分で不起訴となるのですが、この出来事は、その後の日本の移植医療が立ち往生する引き金になったと言われています。事実、次に心臓移植が行われたのは、実に31年後のことでした。

2 「臓器移植法」の制定と改正の推移

1980年には、「角膜と腎臓の移植に関する法律」が施行されます。

これは、三徴候（①心臓停止・②呼吸停止・③瞳孔散大）が確認されるとともに、死（心臓死）が認められれば、角膜と腎臓を提供してもよいとする法律です。また、ちょうどそのころ、諸外国においては、腎臓以外の臓器不全の患者が移植によって救われるといった事例が多数報告されていました。こうしたことから、日本の医療界においても、脳死に基づく臓器移植への意識が高まっていきます。

とはいえ、臓器移植が現実的になるのは、それから16年後の「臓器の移植に関する法律」（以下、臓器移植法）」が施行されてからです（1997年10月16日）。この法律を根拠として、日本においても脳死患者から臓器提供を受けることが可能となりました。

ただしこの時点では、次に挙げる二つの要件を満たす必要があり、日本国内においては、小児の体に合う臓器（心臓や肺）を移植することができませんでした。そのため、多額の募金を集めて海外渡航し、外国で臓器移植をせざるを得なかったのです。

●臓器を提供するには、「書面による本人の意思表示」「家族の承諾」が必要であること。
●本人の意思表示が法的効力をもつのは、15歳以上であること（民法で定める遺言可能年齢以上）。

その後、国際移植学会で行われた「イスタンブール宣言」（2008年）により、「移植に必要な患者の命は自国で救う努力をすること」が原則となります。これは、貧しく弱い立場の人々からの臓器売買を問題視されたことが背景にありました。

この宣言を契機として、日本においては臓器移植法を見直すことになり、改正臓器移植法施行（2010年7月）に至ります。この法改正によって、次のことが可能となりました。

- 書面による本人の意思表示がなくても、「家族の承諾」さえあれば、脳死判定後に臓器提供を行うことができるようになった。
- 15歳未満であっても、脳死下での臓器提供が可能となり、体が小さい子どもの臓器（心臓や肺）の移植ができるようになった。

海外では脳幹の機能が失われる「脳幹死」を脳死と判断している国もあります。それに対して日本では、脳の機能全体が失われる「全脳死」が脳死の条件となります。具体的には、臓器移植に関係しない2人以上の医師が、**資料10**に挙げる6項目の検査を行い、その結果をもとにして「脳死」と判定されることになります。

「臓器の移植に関する法律」が制定されるまで、あるいは改正に至るまでの間、臓器移植についてはさまざまな議論や批判があり、長い時間をかけて検討されてきました。し

資料10　日本臓器移植ネットワークHP

法的脳死判定の項目	具体的検査方法	脳内の検査部位と結果
① 深い昏睡	顔面への疼痛刺激 (ピンで刺激を与えるか、眉毛の下あたりを強く押す)	脳幹(三叉神経)：痛みに対して反応しない 大脳：痛みを感じない
② 瞳孔の散大と固定	瞳孔に光をあてて観察	脳幹：瞳孔が直径4mm以上で、外からの刺激に変化がない
③ 脳幹反射の消失	のどの刺激 (気管内チューブにカテーテルを入れる)	咳きこまない＝咳反射がない
	角膜を綿で刺激	まばたきしない＝角膜反射がない
	耳の中に冷たい水を入れる	眼が動かない＝前庭反射がない
	瞳孔に光をあてる	瞳孔が小さくならない＝対光反射がない
	のどの奥を刺激する	吐き出すような反応がない＝咽頭反射がない
	顔を左右に振る	眼球が動かない＝眼球頭反射がない(人形の目現象)
	顔面に痛みを与える	瞳孔が大きくならない＝毛様脊髄反射がない
④ 平坦な脳波	脳波の検出	大脳：機能を電気的に最も精度高く測定して脳波が検出されない
⑤ 自発呼吸の停止	無呼吸テスト (人工呼吸器を外して、一定時間経過観察)	脳幹(呼吸中枢)：自力で呼吸ができない
⑥ 6時間*以上経過した後の同じ一連の検査(2回目)	上記5種類の検査	状態が変化せず、不可逆的(二度と元に戻らない状態)であることの確認

*生後12週～6歳未満の小児は24時間以上

かし、そうした議論はいまも終わってはいません。

人の生死観は、一人一人の価値観の違い、文化や宗教の違いに大きく影響を受けることから、脳死を人の死とみなしてもよいものかについては、医学的・生物学的な視点からだけでは判断がつかないからです。

さらに詳しくは、以下に挙げる書籍が参考になるでしょう。

●立花隆著『脳死』（中央公論新社、1988年初版）

●立花隆著『脳死臨調批判』（中央

公論新社、1991年初版）
●立花隆著『脳死再論』（中央公論新社、1994年初版）
●小松美彦、市野川容孝、田中友彦編『いのちの選択』（岩波書店、2010年初版）

日本における「臓器移植」の現状

資料11は、日本臓器移植ネットワーク（以下、「JOT」という）が作成した臓器提供の意思表示を呼びかけるポスターです（2023年）。ここに、日本の臓器移植の現状が数字で明示されています。

まず、臓器移植を希望している人たちのなかで、実際に移植を受けられる人は、わずか4％にすぎません。JOTに登録している臓器移植希望者はおよそ1万6、000人にも及びますが、1年間に臓器移植を受けられている人は、そのうちのおよそ600人にとどまります。

とはいえ、（日本国内の脳死を含む死後の臓器提供件数は毎年100件前後で、大きな変動は見られないものの）改正臓器移植法が施行されて以降は、脳死下の臓器提供は年々増加傾向にあ

資料11　日本臓器移植ネットワークのポスター

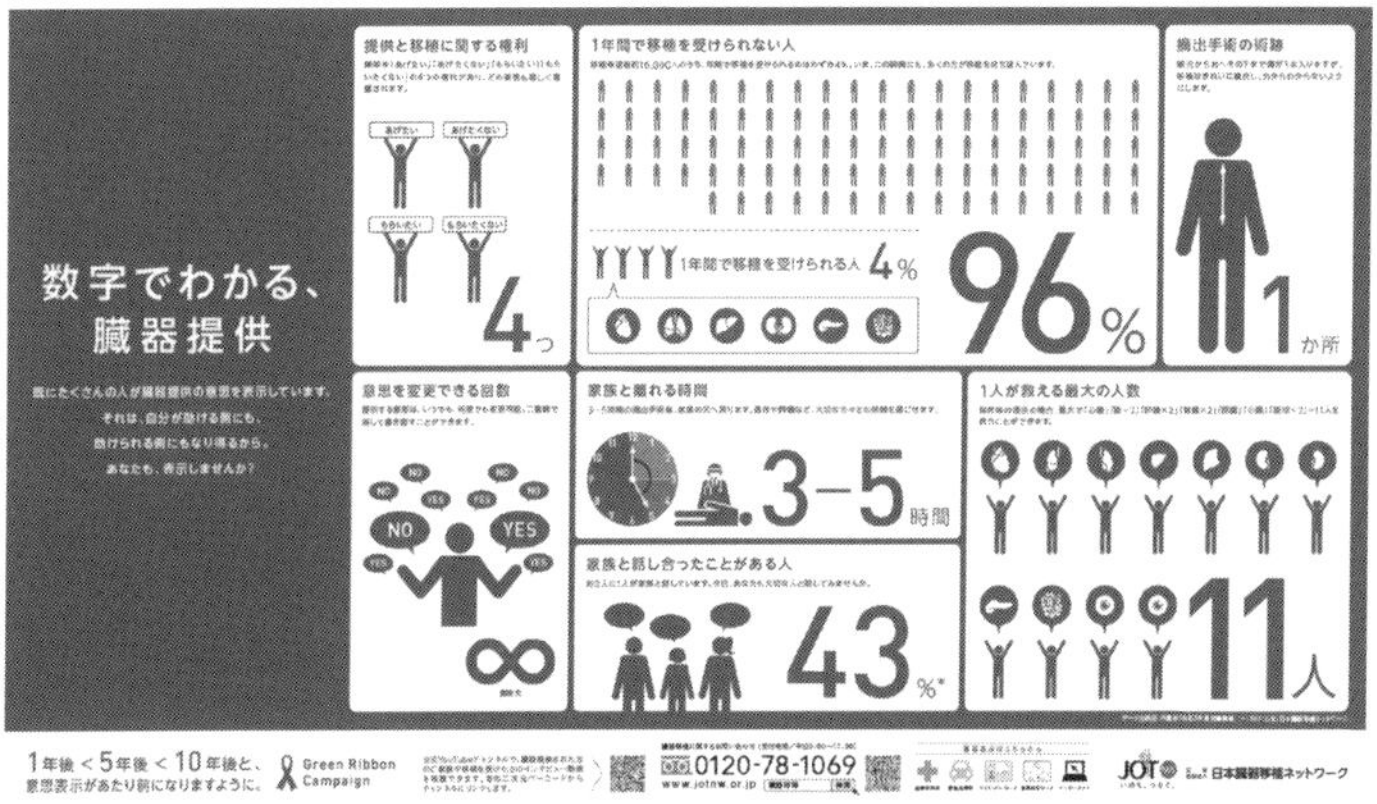

ります。

　また、臓器移植自体の件数のほうも増加傾向にあります。これは脳死下で臓器提供が可能である臓器（心臓、肺、肝臓、小腸）の移植件数が増えたことが理由です（２０２０年と２０２１年については、コロナ禍の影響で一時的に減少）。

　それに対して、移植希望者数のほうは年々さらに増加しています。なかでも、とくに多いのは、腎臓移植希望の１万４３３０人、心臓移植希望の８６５人です（２０２３年12月現在）。こうした臓器提供者数と希望者数とのアンバランスがあり、移植待機中に亡くなってしまう患者も少なくありません。

　日本の臓器提供者数は、海外の臓器提供数と比較すると、格段に少ないのが現状です。２０２２年のデータ（出展：IRODaT）になりますが、人口１００万

資料12　諸外国における臓器提供者数の比較

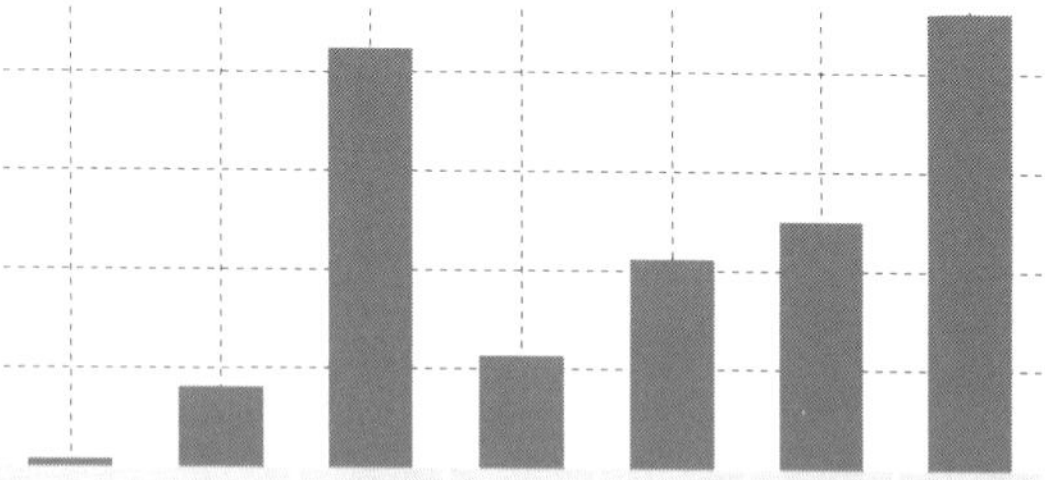

100万人あたりの臓器提供者数	0.88	7.88	44.50	10.34	21.08	24.70	46.03
国名	日本	韓国	アメリカ	ドイツ	イギリス	フランス	スペイン
制度	OPTING IN				OPTING OUT		

※フランスのみ2021年のデータ

人当たりのドナー数は、日本はわずか0・88人にとどまります（**資料12**）。この背景にはまず、（前述したように）脳死を人の死として受け入れることがむずかしい国民性や、臓器を提供できる施設が少ないことが挙げられます。日本の「脳死の判定基準」や「臓器提供の手続き」がとても厳密であることも影響しているかもしれません。

加えて、各国の制度との違いもあるでしょう。たとえば、日本、韓国、アメリカ、ドイツは、本人が臓器提供に同意する意思表示をしているか、家族の承諾が得られた場合に限り臓器提供が行われます。これを「OPTING IN」と言います。

それに対して、イギリス、フランス、スペインでは、本人が臓器提供に反対する意思表明をしていなければ、臓器提供に同意とみなされます。これを「OPTING OUT」と言います。ただし、いずれの場合も、家族の承諾が得られない場合は臓器提供は行われないそうです。

さらに言うと、臓器移植に関する正しい情報が、広く国民に伝わっていないことも考えられます。私自身、「いのちの授業」づくりにかかわる以前は、健康保険証や運転免許証、マイナンバーカードに、臓器提供の意思表示欄があることにまったく気づいていませんでした。臓器提供について家族と話し合ったこともありません。

内閣府の世論調査では、「家族と話したことがある」と回答した人は増加傾向にあり、43・2%にのぼるのですが、この数値にはニュース番組などで見聞きしたことが食卓で話題になったことがあるといった程度のものも含まれている可能性があり、望ましい方向に向かっていると判断するのは早計だろうと思います。

医療と教育との連携

（繰り返しになりますが）「いのちの授業」は、脳死や臓器移植を推奨するために行うものではありません。臓器移植について自分はどう考え、どう意思表示するかを自己決定する過程で、「正解」のない問題に対する「納得解」を得て、共通了解可能性を見いだそうとする態度を育成することが目的です。

また、このとき子どもが得た「納得解」は流動的なものです。その子が成長するとともに変わっていってよい（更新される）ものであり、そうであることが前提です。

こうしたところに「いのちの授業」の教育的価値があるわけですが、その実現のためには、教師や家族の力だけでは限界があります。そう考えた私たちは、医師をはじめとする医療関係者との連携を必要としたのです。

1　学んで救えるこどもの命 PH Japanプロジェクト（日本小児循環器学会）

（本章の冒頭で紹介した）齋藤養護教諭の公開授業を参観したとき、日本小児循環器学会が主催する「PH Japanプロジェクト」（遠隔配信シリーズセミナー）の存在を知りました。

資料13には、次のようにプロジェクトの趣旨が記されています。

日本小児循環器学会は、心臓病のこどもたちに最善の医療を提供するだけでなく、こども達をとりまく多くの人々と心臓病に関する知識を共有することで、こどもたちが安心して暮らせる社会を実現することをめざしています。

全4回にわたって行われたセミナーでは、齋藤養護教諭が、実践をもとに小学校における保健教育について報告しています。また、日本小児科学会でも、「いのちの授業」の具体的な実践を公表しています。

2　学会と教育の連携委員会（日本小児循環器学会・学術集会）

資料13　パンフレットの表紙

2022年に私は、「学会と教育の連携委員会」（日本小児循環器学会）の協力員に入れていただきました。

この委員会はその名のとおり、学会の医師と教育関係者が連携して「いのちの授業」を推進する目的のもとに発足したもので、小児科医の内田敬子先生（慶應義塾大学保健管理センター、現在は東京医科大学）が委員長を務めています（現在「いのちの授業」を希望する学校に医療従事者を派遣するシステムを構築中）。

「第58回日本小児循環器学会」の学術集会では、（前述した）理科「人の死の条件」の授業実践を紹介しました（資料14）。加えて、その後の市民講座では、齋藤養護教諭が実践発表を行い、私もディスカッサントとして登壇しています。

その際、内田先生が参加者のアンケート調査結果を報告したのですが、多くが「『死』にかかわる内容を授業で扱いたいが、管理職や同僚の理解が得られないのではないか」という不安をもっていることがわかりました。この不安感や先生方の心情などが、実践をむずかしくしていると考えられます。

資料14　チラシ

3　いのちの教育セミナー

毎年、「今求められる『いのちの教育』～臓器移植を題材とした授業の可能性」（日本教育新聞社と日本臓器移植ネットワークの主催）が開催されています（資料15）。

２０２２年には、参加者を子どもに見立

て、理科「人の死の条件」の模擬授業をさせてもらいましたが、学校段階（小学校、中学校、高等学校）や、教科等（総合学習、保健教育、理科、道徳科）を問わず、幅広く実践報告が行われ、「いのちの教育」の教育的価値を共有することができました。

資料15　いのちの教育セミナー2023

4　いのちの授業づくりプロジェクト

2023年には、筆者が代表者となって「いのちの授業づくりプロジェクト」を立ち上げ、これまでに4回の勉強会を開催しています。主な開催内容を紹介すると、以下のとおりです。

◆第1回勉強会　令和5年5月28日（日）ハイブリッド開催

「脳死・臓器移植」の授業づくり

(1)　実践発表・協議

①小学校における脳死・臓器移植の授業（筑波大学附属小学校：佐々木昭弘・齋藤久美・加藤宣行）
②大学における脳死・臓器移植の授業～ジグソー法～（文京学院大学：森田和良）
(2)　日本の臓器移植の現状（日本臓器移植ネットワーク：栗原未紀）
(3)　フリーディスカッション
●初等教育において「死」の内容を扱うことの意味
●道徳科における脳死・臓器移植の授業の現状

◆第2回勉強会　令和5年8月27日（土）ハイブリッド開催
「動物飼育」の授業づくり
(1)　小児循環器学会との連携について（慶應義塾大学保健管理センター、現在は東京医科大学：内田敬子）
(2)　実践発表
①プロローグ「内なる命の自覚」（筑波大学附属小学校：佐々木昭弘）
②教室内での動物飼育の実践（文京学院大学：森田和良）
(3)　道徳の授業視察の報告（日本臓器移植ネットワーク：栗原未紀）
(4)　フリーディスカッション

◆第3回勉強会　令和5年12月2日（土）オンライン開催
「日本臓器移植ネットワーク（JOT）と連携」する授業づくり
(1)　JOTと連携した「いのちの授業」づくり（日本臓器移植ネットワーク：栗原未紀）
(2)　パネルディスカッション　パネラー（栗原未紀、内田敬子、齋藤久美）
(3)　フリーディスカッション
◆第4回勉強会　令和5年6月29日（土）ハイブリッド開催
ぜひ聞いていただきたい「いのちの授業」
(1)　小学生への「いのちの授業」実践報告（お茶の水女子大学附属小学校：比樂憲一）
(2)　看護学生への「いのちの授業」実践報告
（東京医療保健大学立川看護学部看護学科・元筑波大学附属小学校学校医：土井庄三郎）
（日本臓器移植ネットワーク：栗原未紀）
(3)　肝臓移植を受けた小学5年生児童による講演
(4)　フリーディスカッション

これまでの勉強会を経て作成したのが、次頁の**資料16**のカリキュラムデザインです。

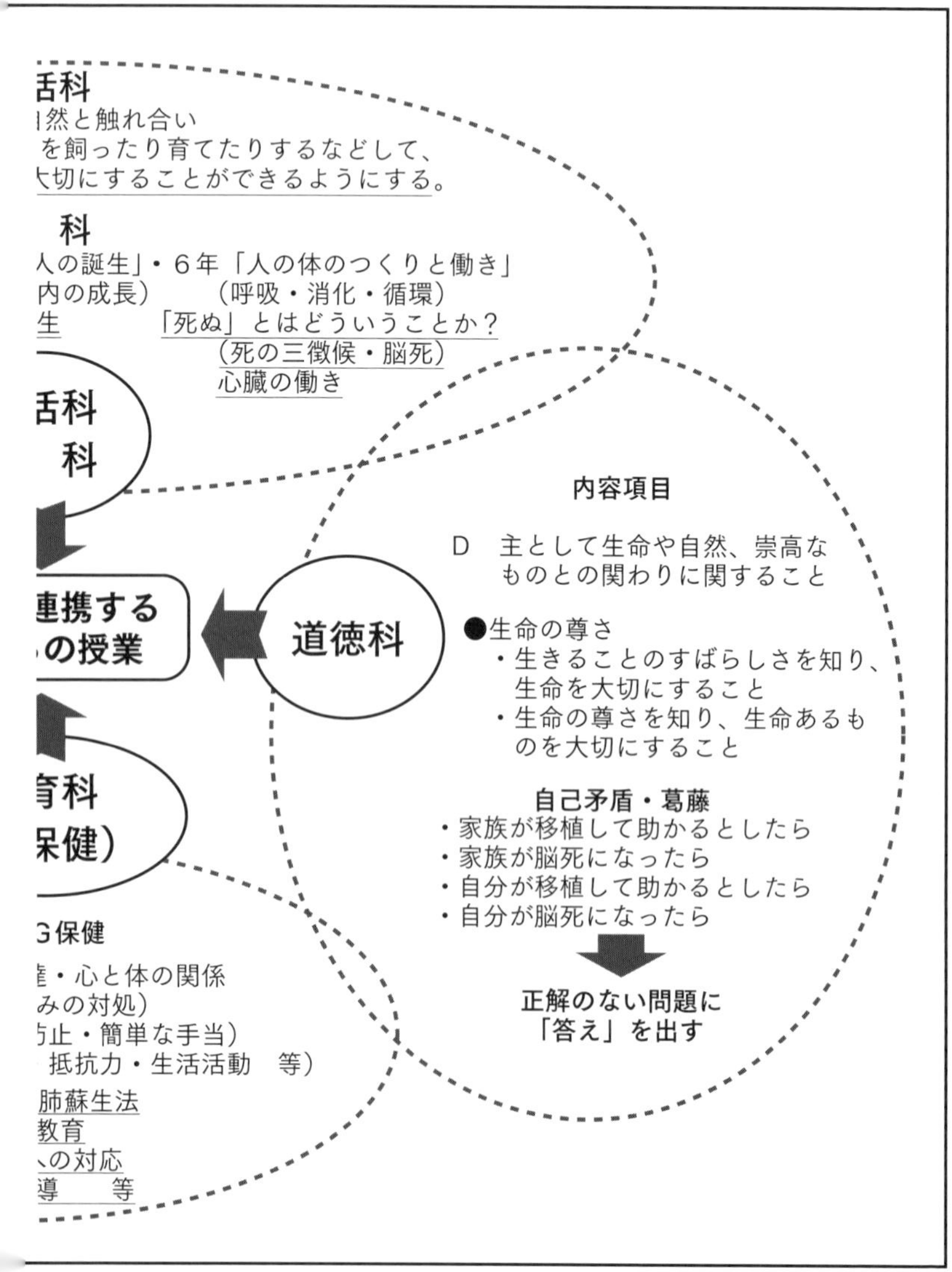
活科
然と触れ合い
を飼ったり育てたりするなどして、
切にすることができるようにする。
科
人の誕生」・６年「人の体のつくりと働き」
内の成長）　（呼吸・消化・循環）
生　「死ぬ」とはどういうことか？
（死の三徴候・脳死）
心臓の働き
活科
科
連携する
の授業
道徳科
内容項目
D　主として生命や自然、崇高なものとの関わりに関すること
●生命の尊さ
・生きることのすばらしさを知り、生命を大切にすること
・生命の尊さを知り、生命あるものを大切にすること
自己矛盾・葛藤
・家族が移植して助かるとしたら
・家族が脳死になったら
・自分が移植して助かるとしたら
・自分が脳死になったら
正解のない問題に
「答え」を出す
育科
保健）
G保健
・心と体の関係
みの対処）
止・簡単な手当）
抵抗力・生活活動　等）
肺蘇生法
教育
への対応
導　等

資料16　小学校「いのちの授業」カリキュラムデザイン（作成：筆者）

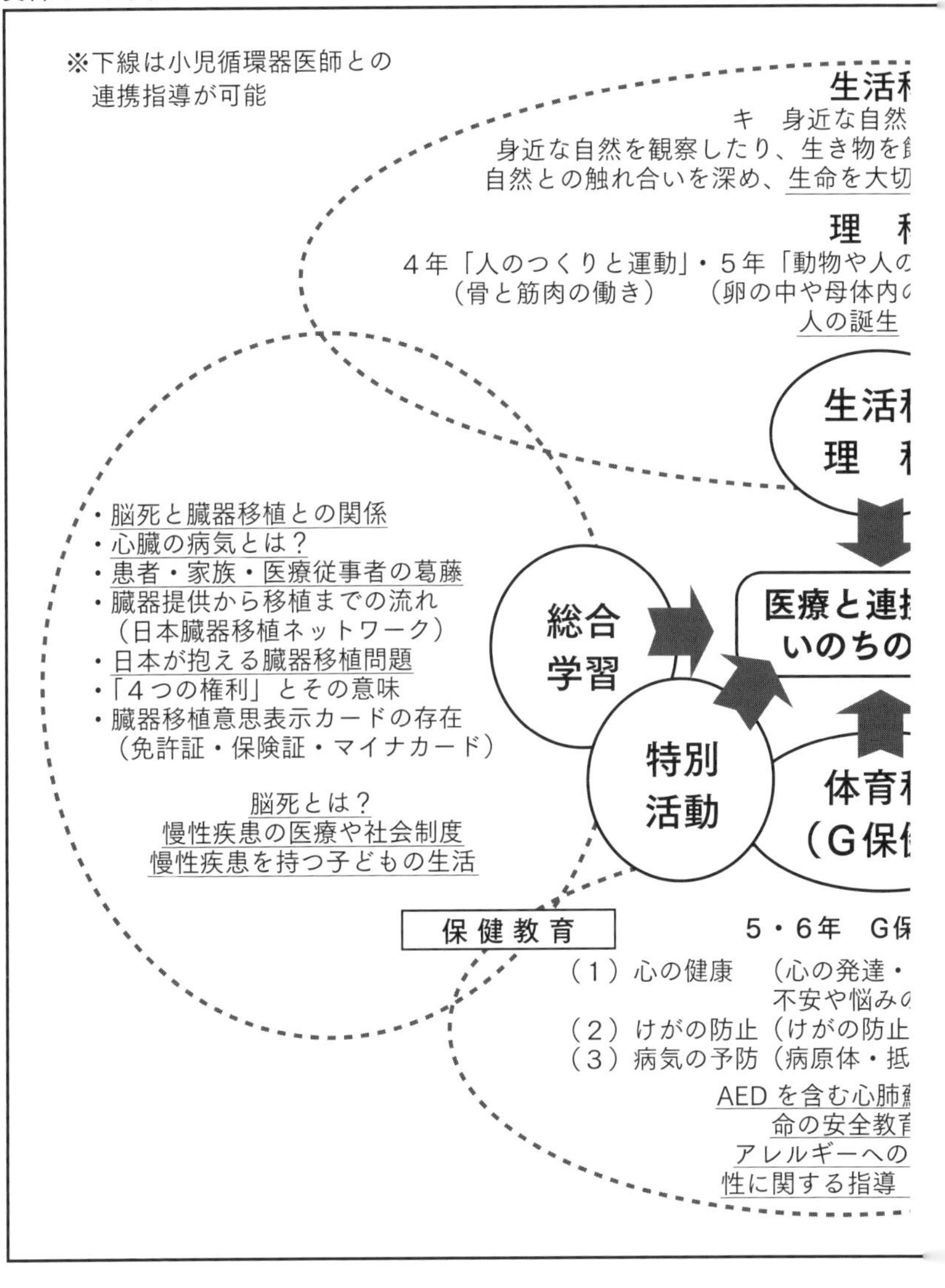

＊

今後は、子どもたちへの実際の授業が参観できる授業研究会を企画し、教師と医師が協働して「いのちの教育」（公開授業）を行い、「学会と教育の連携委員会」（日本小児循環器学会）が目指す指導体制づくりにも協力していきたいと考えています。

おわりに

知人の医師が出版した本を読んで驚いたことがあります。
次のようなことが書かれていたからです。

- 傷口は、消毒せずに乾燥させないほうがはやく治る。
- 暗いところで読書をしても、視力低下にはならない。
- 食後すぐに歯磨きすると、虫歯になりやすくなる。

「科学的」という言葉がさも真実を指すかのような意味でつかわれることがありますが、これはまったくの誤解です。（第2章でも紹介した）科学哲学者のカール・ポパー（1902〜1994年）は、観察や実験によって反証される可能性があることを科学の条件として、「反証可能性」を提唱しました（科学と宗教との線引き）。

知人の医師の見識も含め、科学とは仮説の寄せ集めでできており、私たちが「正解」

だと思っていることも、常に反証される可能性を併せもっているということです。

現代社会もそうです。「正解」などほとんど存在せず、私たちはまさに「先行き不透明な時代」を生きているといえるでしょう。

ただ、ここで一つの疑問が浮かびます。それは、「だったら昔は、『正解』がたくさんあったのか」という疑問です。

結論からいえば、そんなはずはありません。石器時代や戦国時代を想像してみても、正解などといったものが存在していたとは思えません。戦時中や戦後の混乱期を想像してみてもそうでしょう。

まして、地震や台風といった災害の多い国に暮らす私たちです。先行き透明な時代といったものが存在した試しなどなく、いずれの時代にも人々にとって社会は、暮らしは、常に先行き不透明なのです（より複雑化した現代から昔を振り返ったときの相対的な評価にすぎないと言い換えることはできると思います）。

教育にも「正解」はありません。「こうすれば子どもはこうなる」といった単純な理論も存在しません。

教育は、実践の集積によって理論がつくられ、常に批判・検討されるなかで発展してきました。しかしだからといって、「正解」にたどり着いた人はいませんし、「正解」を知っている人もいません。だからこそ、「教育はおもしろい！」とも言えます。

第2章で示した「授業の常識・10の嘘」も、「正解」ではありません。反証可能性のある考え方の一つなのです。読者のみなさまそれぞれが納得できる「答え（納得解）」へと、さらに更新していただけることを心から願っています。

＊

本書は、既刊『理科でつくるウェルビーイング―幸福で充実した人生を送るための学び』で、私が執筆させていただいた原稿「脳死は人の死か？」を読まれた高木聡さん（東洋館出版社）との雑談がきっかけで実現したものです。

最後になりましたが、原稿の執筆や編集の過程で多大なるお力添えをいただいた高木聡さんに、心より感謝申し上げます。

令和6年11月吉日　筑波大学附属小学校長　佐々木昭弘

佐々木 昭弘

筑波大学附属小学校長

1960年、福島県福島市生まれ。北海道教育大学教育学部卒業後、福島県公立小学校教諭、筑波大学附属小学校教諭・副校長を経て現職。日本初等理科教育研究会副理事長（編集部担当）、『みんなと学ぶ小学校理科』（学校図書）編集委員。
〈主な著書〉『最高の主体性を発揮する子どもと教師』東洋館出版社、2023年／『系統・関連指導を重視した小学校理科の新カリキュラム・デザイン』明治図書出版、2022年／『小学校理科　全学習内容の指導ポイントEXPERT』明治図書出版、2022年、ほか多数。

正解のない「問い」に、
納得できる「答え」を
見つけられる子どもを育てる

2024（令和６）年11月20日　初版第１刷発行

著　者　佐々木昭弘
発行者　錦織圭之介
発行所　株式会社　東洋館出版社
〒101-0054　東京都千代田区神田錦町2-9-1
コンフォール安田ビル2階
代　表　TEL 03-6778-4343
営業部　TEL 03-6778-7278
振替　00180-7-96823
URL　https://www.toyokan.co.jp
装　幀　中濱健治
印刷・製本　藤原印刷株式会社

ISBN978-4-491-05451-3　Printed in Japan